农村电商模式与案例精解

金 波 主编

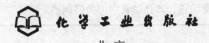

化学工业出版社

·北京·

本书分为五章，分别介绍了农村电子商务的起因、现状、未来趋势和在发展中存在的问题与瓶颈，重点阐述了县域层面的电商现状和农村淘宝的概况，特别列举了县域电商和农村淘宝的部分成功案例，以及对这些案例的总结和分析，不仅有利于读者了解农村电商，也能帮助读者从这些案例中学习经验、总结成败，为健康顺利地推进我国农村电子商务助一臂之力。

　　本书适合人群：地方干部、农村电商管理者、农村淘宝相关从业人员、涉农电商企业负责人、农村淘宝创业者，农业、经贸、工商等大中专院校相关专业的师生，以及电商培训机构教师、学员，农村电商研究者、爱好者等。

图书在版编目（CIP）数据

农村电商模式与案例精解/金波主编. —北京：化学工业出版社，2020.1（2022.3重印）
ISBN 978-7-122-35858-5

Ⅰ.①农…　Ⅱ.①金…　Ⅲ.①农村–电子商务–研究–中国　Ⅳ.①F724.6

中国版本图书馆CIP数据核字（2019）第286313号

责任编辑：张林爽　　　　　　　　　　文字编辑：李　曦
责任校对：李雨晴　　　　　　　　　　装帧设计：刘丽华

出版发行：化学工业出版社（北京市东城区青年湖南街13号　邮政编码100011）
印　　装：北京捷迅佳彩印刷有限公司
710mm×1000mm　1/16　印张14　字数231千字　2022年3月北京第1版第4次印刷

购书咨询：010-64518888　　　　　　　售后服务：010-64518899
网　　址：http://www.cip.com.cn
凡购买本书，如有缺损质量问题，本社销售中心负责调换。

定　　价：68.00元　　　　　　　　　　　　　版权所有　违者必究

改革开放至今的40多年，中国发生了翻天覆地的变化。然而，比起突飞猛进的城市建设，农村经济的发展速度却总显得迟滞落后。这其中的重要原因，就是部分农村地区闭塞偏远、市场有限，虽然守着"金饭碗"，却不能发家致富。农特产品虽然丰收季节堆积如山，却年年像嫁不出去的"姑娘"，坐等容颜枯萎、逐渐贬值。这并不是说没有人迎娶这些"姑娘"，而是这些"姑娘"并不为世人所知，或者即使被人知道了，也是彼此鞭长莫及、望路兴叹。如果农特产品市场难以打开，所谓的"靠山吃山，靠水吃水"就成了一句空话。

不过，随着信息时代的发展，时至今日，一条崭新的连贯城乡的时空"桥梁"被贯通了——那就是农村电子商务。

如果说蒸汽机创造了工业革命的奇迹，那么电子商务就是改变了人类的生活方式。从1999年前后的阿里巴巴、当当网等中国第一批电商精英诞生，到如今京东、阿里巴巴等电商巨头先后在美国上市，20年间中国电子商务有了让世界为之震惊的加速度。数亿人的网购群体，使中国的电商超越了其他国家，成为世界"霸主"。紧接着，电商一鼓作气继续向农村渗透，使那些并不知道什么是信息时代、什么是电子商务、什么是网上交易的农民，很快尝到了网上购物的甜头和网销农产品的便利。一些头脑灵活的先行者，为了寻找市场商机，主动对接电子商务，成为农村电商的"吃螃蟹者"。尽管电子商务在农村才刚刚起步，基础设施还十分落后，但他们勇于尝试，成为当之无愧的农村电商带头人。在他们的带领下，越来越多的农民开始开网店，销售自家的农特产品；无数外出务工青年和大学生返乡创业，开起了淘宝店。

农村电子商务开局良好、发展势头迅猛，引起了政府和有关部门的重视。特别是自2014年以来，农村电商得到广泛的关注，从中央到地方政府都把焦点投向农村，投向农村电子商务，把农村电商列入国家和各地发展的重点。从此，电子商务进入了全面发展的新时期。政府对基础设施的投入，对人才的培训和资金的扶持，对产业园和农产品品牌的打造，极大地促进了农村电商的全面崛起和发展。县域层面纷纷成立县、乡、村三级管理机构，为农村电商出谋划策、保驾护航。电商巨头也纷纷开辟农村电商市场，各显神通，不想放过所能达到的每一个角落。物流和快递企业也闻风而上，把自己的服务点伸向农村……在大家的合力推进下，农村电商如星火燎原，蓬勃"燃烧"起来。开网店的越来越多，涌现了千千万万的"电商示范县"和"淘宝村"，并在发展中形成了各种各样、各具特色的电商模式。

为了给读者介绍有关农村电子商务的基本知识，展示农村电商的成功案例，总结和探讨在发展农村电商过程中取得的经验和存在的问题，为广大农村电商从业者服务，我们编写了本书。本书旨在给从事电商工作的管理机构、"涉电"企事业及农村淘宝店店主提供一部实用简明的读本，以便从中了解中国农村电商发展的概貌，提高对农村电商的认识，增加发展农村电商的信心，避免和解决在发展中可能存在的问题。由于编者水平有限，不当之处在所难免，欢迎大家批评指正。

在编写过程中，黄河科技学院的金仓同志提供了大量参考资料并做了许多准备工作，金玮、卢德娥等同志采集了一些案例，在此一并表示感谢。

编者

Contents 目录

第一章

农村电商的崛起

第一节　农村电商的内涵 ………………………………………… 002

● 什么是电子商务 ………………………………………………002

● 什么是农村电子商务 …………………………………………002

● 开展农村电子商务的优势 ……………………………………003

● 农村电商可以开展的业务 ……………………………………004

● 发展农村电商的有利条件 ……………………………………004

● 吸引农民网上购物的原因 ……………………………………006

● 农村电商对农民生活的影响 …………………………………006

● 农村电商的未来发展趋势 ……………………………………008

第二节　农村电商的作用 ………………………………………… 010

● 电商方便将农产品销售出去 …………………………………010

● 电商方便农民购买称心如意的商品 …………………………011

● 电商拓展了农产品销售市场 …………………………………011

● 农村电商激活了农产品消费市场 ……………………………012

● 农村电商让传统销售渠道如虎添翼 …………………………012

● 电商促进特色农业大发展 ……………………………………013

● 电商为农村青年提供了创业机会 ················· 014

第三节　农村电商与其他电商的区别 ················· 014

● 农村电商与传统电商的区别 ···················· 014

● 农村电商、农资电商、农产品电商的区别 ········· 015

● 电商渠道和传统营销适合哪些农产品 ············· 017

第四节　农村电商的发展现状 ······················· 017

● 政策对发展农村电商的持续支持 ················ 018

● 地方政府扶持农村电商存在的问题 ·············· 019

● 当前农村电商呈现的发展特点 ·················· 020

● 制约农村电商发展的因素 ······················ 022

第五节　农村电商的"三大巨头" ··················· 023

● 京东推出电商下乡的两种形式 ·················· 024

● 阿里巴巴启动"千县万村"电商计划 ············· 026

● 苏宁电商下乡的"三步走"战略 ················· 028

第二章

农村电商的模式和类别

第一节　形式多样的农村电商模式 ··················· 033

● 外来电商模式 ································· 033

● 本土电商模式 ································· 036

第二节　农村电商的四大类别 ······················· 042

● 农产品电商的意义和现状 ······················ 042

● 农资电商的现状和瓶颈 ························· 046

● 乡村旅游电商的优势和问题 ·· 051
● "农产品+旅游"电商的现状和模式 ······································ 055

第三章

农村电商发展的误区与瓶颈

第一节 农村电子商务发展的误区 ·································· 059
● 发展农村电商在认识上的误区 ·· 059
● 发展农村电商在管理上的误区 ·· 061
● 发展农村电商在经营上的误区 ·· 063

第二节 农村电子商务发展的瓶颈 ·································· 065
● 农村地区的网络覆盖率普遍低下 ····································· 065
● 传统渠道的流通成本居高不下 ·· 065
● 发展农村电商的最大难点是物流瓶颈 ······························· 067
● 解决农村物流瓶颈的思路 ··· 067
● 发展农村电商的其他现实问题 ·· 069

第四章

方兴未艾的县域电商

第一节 县域电商的崛起 ··· 074
● 县域电商的发展现状 ·· 074

● 县域电商崛起的原因 ……………………………… 076
● 发展县域电商应具备的新思路 …………………… 077
● 发展县域电商的有效对策 ………………………… 078

第二节 县域电商成功案例 ……………………… 080

● 浙江义乌：小商品市场抱团谋发展 ……………… 080
● 浙江遂昌：两大板块，全面服务于农产品产销市场 ……… 086
● 浙江临安：线上平台+线下基地齐头并进 ……… 091
● 浙江丽水："政企合作，落地深耕" ……………… 096
● 浙江桐庐：两个"计划"全面推进农村电商 ……… 101
● 河北清河：两线互动，两个市场互补 …………… 106
● 山东博兴：以农村淘宝带动工业全面发展 ……… 110
● 浙江海宁：以电商拉动产业转型升级 …………… 115
● 甘肃成县：靠山吃山，做大农特产市场 ………… 120
● 吉林通榆：一手抓农产品，一手建电商平台 …… 125
● 陕西武功：买西北，卖全国 ……………………… 130
● 贵州施秉：顶层设计，全面启动 ………………… 135
● 贵州清镇：打造"基地+电商"模式 …………… 141
● 山西武乡：电商开辟富民路 ……………………… 145
● 河南内乡：油桃搭上电商快车 …………………… 150

第五章

大有作为的农村淘宝

第一节 农村淘宝的兴起 ………………………… 155

● 农村淘宝的发展现状 ……………………………… 155

- 发展农村淘宝的优势 ································156
- 发展农村淘宝的劣势 ································157
- 制约农村淘宝发展的因素 ····························157
- 增强农民淘宝意识的途径 ····························158

第二节 农村淘宝成功案例 ··························159

- 浙江青岩刘村：中国网店第一村的变迁 ···········159
- 福建尚卿乡：由点带面谋发展 ················162
- 福建培斜村：大学生回乡成就淘宝街 ···········167
- 广东军埔村："中国淘宝村"的传奇 ···········170
- 江苏东风村："垃圾村"成就"沙集模式" ·······173
- 山东大集镇：穷乡镇的致富路 ················178
- 山东顾家村：千年技艺走上新生 ··············181
- 浙江北山村：从"烧饼村"走向淘宝村 ·········185
- 江苏消泾村：大闸蟹走上网络交易大平台 ·······188
- 浙江白牛村：坚果炒货喜迎电商春天 ···········193
- 浙江西岙村：教玩具"触电"起家 ············197
- 江苏堰下村：花木之乡的嬗变 ················200
- 江苏李大楼村：百年老梨远嫁他乡 ············204
- 河北白沟镇：箱包产业带动新型城镇化 ·········209

参考文献

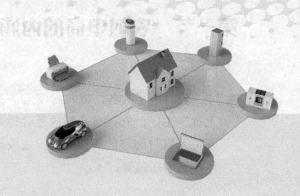

第一章

农村电商的崛起

　　电子商务在中国城市已不是新鲜事物，但在广大农村，则是一个正在崛起的"后起之秀"。随着互联网知识向农村普及，以及广大农民对生活品质追求的提高，农村电商迎来了欣欣向荣的春天，前景一片光明。虽然农村电商的消费者数量还不及城市，但这个数字正在迅猛增大，增长率远高于城市。一些著名的电商，如阿里巴巴、京东、苏宁等闻风而动，纷纷开辟农村电商市场；而在广大农村，有远见的农民也纷纷加入淘宝行列，要么跟大电商合作，要么建立自己的平台，依据本地特色，销售农特产品，促进农村经济的繁荣，进而成就了越来越多的"淘宝村""电商示范村"。

第一节　农村电商的内涵

农村电子商务，或农村淘宝，都是借助网络销售农特产品，以产品上行为主。但农村电商的内涵远远不止这些，要全面了解农村电商，真正进入农村淘宝的虚拟空间，还要全面了解其特点和优势，以及在发展中遭遇的瓶颈等。

● 什么是电子商务

电子商务包含两个方面：一是电子方式，二是商务活动。简单地说，就是指以信息网络技术为手段，以商品交换为中心的商务活动。换言之，电子商务通过多种电子通信方式来完成。

电子商务缩短了生产和消费的距离，被称为"直接经济""零距离经济"。它既发挥迂回经济的专业化分工的效率，又缩短迂回经济条件下的生产和消费的距离。随着信息技术的发展，电子商务的内涵在不断充实，外延也在不断拓展，并被赋予新的含义，开拓出更广阔的空间。如今，电子商务已经成为人类信息世界的核心，成为网络应用的发展方向，前景越来越好。发展电子商务，对于国家以信息化带动电子化的战略，实现跨越式发展，增强国家竞争力，具有重要的战略意义。

● 什么是农村电子商务

农村电子商务的简称是农村电商，即利用计算机和互联网等新技术，为涉农领域的生产和经营提供网上交易或销售服务的过程。

农村电子商务，要晚于其他电子商务。2006年，商务部实施了13项重点工程，其中一项就是"农村商务信息服务"工程，目标是推进农村信息化、增加农民收入和提高农民信息应用能力。2007年中央一号文件又把这项工程列入该年度的农村工作日程。从此，涉农电子商务如雨后春笋般发展起来。

在实际操作中，电子商务可以降低交易成本、缩短生产周期、减少库存、减轻对实物基础设施依赖、增加商业机会。农村电商通过密集的乡村连锁网点，以信息化、数字化的手段，通过集约化操作，市场化运作，成体系的跨区域、跨行业联合，构筑起紧凑而有序的商业联合体，从而降低了农村商业的成本、拓展了农村商务领域，使农民成为最大获利者，商家也从中获得新的利润增长。将农村电商简单定义为向农村卖货的平台，显然是片面的。

● 开展农村电子商务的优势

在农村推广电子商务，不仅是为了改变农村落后面貌、消灭贫困、促进农村经济发展，也是我国全面奔向小康的一个重要途径。具体而言，有以下几个明显优势。

一是降低农产品交易成本。涉农企业通过网络发布交易信息、处理网上订单、安排实际生产，这些供应链中的环节可以迅速从网上获得，从而减少了中间环节，缩短了农户与市场的距离，不仅提高了交易效益，也节省了中间环节的费用（包括买卖双方的搜寻费用）。

二是减少农产品生产的盲目性。农产品市场具有季节性和时段性，它的市场风险在于农业信息传递速度慢、信息准确性差，并因此引起生产和经营的盲目性。发展农村电商，能有效减少或消除这种信息不对称因素，为农产品的生产和销售及时提供全面的市场信息，使涉农企业和农户在准确把握市场需求的前提下，合理、高效地安排生产与流通。

三是打破产销之间的时空距离。农村电商平台依赖互联网的条件，使涉农企业冲破传统市场局限，进入跨地区乃至跨国的网络市场，从而快速便捷地打开了更广阔的市场，扩大了市场选择性。

四是实现农业信息化。农村电商网络交易平台的建立，使农业生产、销售、运输过程中信息的获取与全球的市场同步对接，有益于实现农业生产中的标准化、规模化和农产品包装、运销过程中的品牌化、国际化，有效降低和规避市场风险，减少生产过剩或短缺造成的损失。

● 农村电商可以开展的业务

农村电子商务可以开展的业务包括数字农家乐、网上农贸市场、特色农业经济、特色旅游业务和招商引资等方面的内容。

一是开展数字农家乐。农家乐，就是指有地方风情的各种餐饮、娱乐设施。将农家乐引入电商平台，利用网上展示和宣传，运用地理信息系统技术，制作当地农家乐分布情况的电子地图，同时采集农家乐基本信息，将风景、饮食、娱乐等各方面的特色内容囊括在内，让人一目了然。农家乐数字化，既方便了周边城镇市民的出行，也让农家乐本身获得更多的客源，实现了城乡互动。

二是开辟网上农贸市场。网络平台具有无比广阔的宣传和展示空间，可以迅速上传农特产品方面的供货信息，吸引远在千里之外的商户出入本地市场，也方便本地农民开拓外地市场，甚至走向国际市场。还可以在平台上展示农产品市场的行情和动态快递、商业机会撮合、产品信息发布等内容，进一步宣传和推广自己的产品，扩大其知名度。

三是发展本地的特色农业经济。只有把产品宣传出去，才会把外面的客户吸引进来。涉农企业或农户通过网络宣传，介绍本地区的特色经济、特色产品，宣传本地区名优企业和名优产品，扩大产品的知名度，拓展销售通道，无疑能加快本地区特色经济的发展。

四是开展本地区特色旅游业务。依托本地旅游资源，通过网上宣传推介来扩大对外知名度和影响力，并全方位介绍本地区旅游线路和旅游特色产品，以及相关企业信息等，有利于发展当地的旅游经济。

五是方便本地区招商引资。农村电商可以搭建招商引资平台，介绍本地规划的开发区、生产基地、投资环境和招商等信息，更好地吸引投资者到各地区来考察和进行投资生产经营活动。

● 发展农村电商的有利条件

一是市场潜力巨大。中国有约9亿农民，农村地域辽阔，有巨大的市场，具有地域特色的农产品丰富多彩，让人眼花缭乱。但是，正因为地域辽阔，导致市场太过于分散。农村电商的应用，可以把这些分散的市场通过网络组织起来，形成一个覆盖整体的市场平台，相当于用一张无形的网把五湖四海的市场笼罩在一起，让所有的农特产品都有可能聚集在一起进行公平展示和竞争，从而提升各地产品的知名度和市场竞争力。这个庞大的网络市场，还可以向全世界延伸。近年来，农村电商规模持续增长的事实，也印证了这个大趋势。商务部统计数据显示，2018年农村电商网络销售额可达到16804亿元（见图1-1）。而且持续快速增长，增速明显超过了城市。

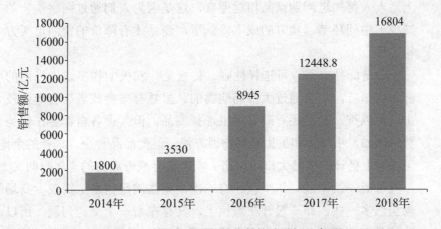

图1-1　农村电商网络销售额持续增长示意图

二是农村网民增长迅速。农村网络购物用户规模不断攀升。据统计，截至2018年年底，我国网民规模达8.29亿，其中农村网民占2.21亿，而这个数字2007年仅为3741万。农村网民规模的迅速增长，为农村电子商务的发展提供了基本条件。

三是网络平台的技术支持。互联网和计算机技术水平的不断提高，为我国农村电商的发展提供了技术上的支持。同时，先行一步的城市电商和国外农业电商又把成功运作的经验提供给了农村电商做借鉴。特别是京东、阿里巴巴等国内成熟电商介入农村市场，又为我国发展农村电商提供了便利条件和参照物。

四是各地政府的全力支持。国家历来重视"三农"问题，视农业为发展国民经济的基础产业，在政策上给予倾斜和资金扶持。近年来，政府又为农村电子商务的发展出台了一系列政策文件，各级政府也在大力支持农村电商平台建设。这一切都为农村电子商务的发展营造了良好的市场环境。

● 吸引农民网上购物的原因

有市场的才是有前途的。农民越来越青睐网上购物，并非出自好奇，而是由于这种购物方式比较实惠。

一是网购商品的价格相对低廉。网购的先天优势，首先体现在价格上。人人都知道网购商品相对便宜，这是因为人们通过网络购物的方式减少了中间环节。卖方的成本降低了，商品才有降价的空间，买方才能得实惠。

二是商品丰富，可选择性强。传统是，农民购物多通过当地的小卖部和供销社，少有通过大市场购物的。虽然有集会或者庙会等比较大的市场可以逛，甚至还有商城可供选择商品，但其中各自都存在优势和劣势。例如，小卖部和供销社购物很方便，但商品品种少，选择的余地小，无法与上亿计的商品大市场相比；农村集会或者庙会的逢集时间又太长，一般每周一次，或一年半载才有一次，无法满足需求；而较大商场的货物虽然多一些，却一般开在城镇上，又存在着一个交通问题。所以，网购给具有典型特征的农村传统购物带来了冲击。传统的购物价格偏高，选择的品类范围小。网购则相反，能够便于人们寻找更低的价格优势，可以选择真正价廉物美的商品，同时，无理由退货和售后服务的规定，可以获得产品服务质量，这无疑让农村消费者感到满意和放心。（在网购中，数以亿计的商品使得偏僻的农村与北京、上海、深圳、广州这些一线城市的消费环境趋同，农村网民与城市网民的消费者身份也是同等的，大家可以在同一个平台上共同选择各自需要的产品，区别只在物流时间的长短上。）

三是商品可以直接送货上门。虽然在物流上网购配送会比传统购物方式收货晚一点，但产品可以直接由快递送货上门，无须去超市，从而节省了时间和精力。这些便利性会使农民更加依赖网购。

● 农村电商对农民生活的影响

农村电商的发展给农村带来了新变化，电子商务的应用改变了农村居民的思维方式和生活方式，提高了居民的生活质量，其主要体现在以下几方面。

1. 电商改变了传统生活模式

人们缺少生活用品、生产工具，不再是赶集上店去寻求，而是打开电脑或手机上网，从网上看中一款商品后，点击下订单，没几天商品就送到家了，还可以货到付款，并享受无理由退换，大件商品则能全国联保。从简单的生活日用品到大宗家用电器，足不出户就可以订购，这种购物方式显然正在改变着农村人的生活方式和农村传统的购物模式。农村刷墙广告上，换上了与淘宝有关的内容（见图1-2）；通过淘宝购物，已经成为农民生活的一部分。

图1-2　农村的刷墙广告

2. 电商改变了农产品销售模式

电商能解决农产品卖不掉的难题，帮助农民更好地把产品销往全国各地乃至世界各地。淘宝网有很多特色馆，产品有特点和卖点，在网上销售自己的商品自然成为一件低成本和高回报的事情。以前的传统市场一发生变化，农民们就变得束手无策，只能被动地接受，而农村电商则可以直接和消费者进行交流，从而改变了传统的农产品流通渠道和销售渠道。将自己的产品展示在网上，参与竞争，还可以及时了解市场行情，采取灵活的应对手段。

3.电商也改变了农民的赚钱方式

农村养鸡户李想（化名），和周围100户村民组成了合作社，用统一的鸡种，统一的散养方式养鸡。同时，他们还给数百户贫困户提供鸡种使之参与养鸡，成熟后以保底价收购。然后，他们既在自己的网店里卖，也打上自己的品牌通过当地供销社的网上平台来卖。这种销售方式，无疑改变了传统的直销方式，发生了颠覆性变革。

上述例子，只是电商改变农民赚钱方式的一种。农村电商自2009年以来呈现爆发增长的趋势，到2018年，仅在淘宝和天猫平台上，从县域发出的包裹就达约20亿件，淘宝网和天猫上注册地在农村（含县）的网店就超过了500万家。越来越多开网店的农民，依靠一台电脑和一根网线，依托本地传统产业，将各具特色的产品销往全国各地，成为"互联网+"时代的农村电商，他们不仅改变着家乡，也改变着自己，让农村逐渐走上了一条独特的致富之路。

● 农村电商的未来发展趋势

将电商网络覆盖每一个角落，农村将是最后一块征服地。虽然农村电商的发展会受到很多条件限制，但这个发展趋势是不可阻挡的。未来，农村电商将会出现以下变化：

1.政府会持续加大支持农村电商建设

自兴起以来，农村电商一直靠市场自发的力量在主导发展，通过多年的积极实践，积累了一些经验和样本，也为政府制定政策提供了足够的参考。2017年2月5日，中央发布一号文件，连续14年对"三农"工作提出指导意见，专门将推进农村电商发展列为一个单独要点，作为壮大新产业新生态、拓展农业产业链价值链的重要举措。中央对涉农领域连续抛出扶持意见和政策的做法，在过去是较为罕见的，也显示了当前政府对现阶段大力发展农村电商的决心和思路，会推出更大的动作。

2.智能手机将全面替代电脑操作

由于农村地区经济发展水平不一，农民的电脑操作水平有限，加上物流领域"最后一公里"的问题特别突出，农村电商的发展受到了很大制约。不过，随着智能手机的普及和农村手机数量的增长，以及手机的简便操作优势，农村信息"最后一公里"问题正逐步得到解决，越来越多的农民朋友打开手机网络，轻轻一点就能下订单或出售农产品。

3.农业自媒体不可避免地诞生

手机短视频、直播、微博、微信、互联网等新媒体推广形式，正在消费者圈子里流传开来，它突破了传统的农业科技推广方式，摒弃了以往菜场买菜、电话沟通的形式。自媒体的运用，是农村的福音，未来的商机就在此。

4.农民网购偏爱"买不到的"

据调查显示，农民最看重的商品是那些"买不到的"，而不是"便宜的"；主要消费品是日用品、服装和家电类商品。农民随着经济收入的增加，消费开始升级换代，如电脑、家电、汽车等开始大规模地进入农民家庭。

5.农产品电商社区化逐渐兴起

随着城镇化和农业现代化的推进，社区电商将扮演重要的角色，农产品的性价比会很高，比以往从传统渠道购买的还要高，生鲜农产品电商更被消费者接受，以社区为主力的涉农电子商务占主体，产地直发影响力降低，生鲜电商物流、冷链等问题会得到很好的解决。

6."三分天下"格局呈现

农村电商已进入三大热门领域——农业生产上端的农资电商热潮、下端的农产品电商销售和串联上下游的农村金融互联网化。在农资电商方面，传统农资生产企业、电商平台公司等主体纷纷入局，服务于种植大户、零售终端、专业合作社、农垦基地。在农产品电商方面，零售与农民的关系最为密切，如能提升产品质量、避免同质化竞争、做好平台运营，就显出真本事。互联网金融进农村，是对传统金融的有效补充。

第二节　农村电商的作用

　　农村市场，是电子商务拓展的最后一块"处女地"，但也是最难开垦的。农村电商的"淘金"大军中，既有京东、苏宁、淘宝、阿里这样的大型电商平台，也有供销社、农垦、邮政等转型中的传统国有企业，加上大量本地化、区域化的电商企业，以及各种风险投资、民间资本介入，势头确实不可小觑。但是，发展农村电商，并不只是为了农民买卖方便。作为一个系统配套工程，发展农村电商对打造特色农业、健全农村基础设施、全面升级农业品质、建设社会主义新农村等方面都具有促进作用。

● 电商方便将农产品销售出去

　　发展农村电商的最大目的，是方便农民销售农产品，发展三农经济（见图1-3）。实践证明，农民在淘宝上开设自己的农产品特色馆，宣传产品特点和卖点，并销售产品，已经成为一种比较低成本、高回报的销售方式，这种独特的销售方式，正吸引着千千万万的农民。此外，更多的涉农企业和农村创业者，也愿意利用互联网来进行创业，利用互联网进行销售和营销。

图1-3　农民通过网店销售的农产品

发展农村电商的路还很长，而且各种因素会制约这一目标的实现，即便是阿里巴巴、京东、苏宁这样的大企业在农产品上行方面所做出的成果也很少，但必须沿着这条主路走下去。随着农村各类基础设施的健全，农村电商之路必将越走越宽阔。

● 电商方便农民购买称心如意的商品

通过电商平台，农民可以买到更丰富、更便宜、质量更好的商品，从而提高了村民的生活质量。比如通过网购买到来自全国各地的特色产品，来自世界各地的新产品，使所有的农民都能够更方便地在网上消费。农民的生产资料的供给，也可以通过互联网的方式得到更好的满足，把不合理的供销差价消灭掉，让农民获得更多生产资料带来的实惠。

● 电商拓展了农产品销售市场

农村电商使城市和农产品、服务、信息等联结在一起，将农民、供应商以及批发商零售终端、消费者紧密聚合，让农民可以快速、低成本地掌握全面的市场信息；此外，农民通过对信息数据的挖掘，适应市场需求的变化，在发展种植养殖、深加工的基础上，将传统农业与电子商务、休闲旅游、文化创意、市场营销等相结合，从而提升农业效益。

> 做了多年文员的许亮（化名），辞职回到老家承包山地养草鸡。此前，他的姐姐就从事多年的草鸡蛋销售工作，通过农业合作社收养殖户的鸡蛋，再转卖给消费者。这种"二传手"的生意，既增加了鸡蛋的销售成本，也没有稳定的蛋源供应。在深思熟虑之后，许亮和姐姐决定共同投资建养殖场。两人分工明确：姐姐还负责老渠道销售，许亮负责以微信、微博直销的渠道开发新市场。通过线上直销，他的账户"互粉"了很多好友，在线养殖场、饲养过程的展示吸引了大量居民线上订购，许亮收到订单后直接送货上门。很快，他积累了数千名稳定的粉丝。线上交易不到一年，先后卖掉了四万只草鸡蛋，实现了预定目标。

从这个案例可以看出，电商为扩大农产品销售市场提供了方便、快捷的平台。手机或电脑只要有电就可以操作，不分时间地点，农产品可以直接供应给广大消费者，而且成本低廉，流通渠道和环节减少，中间商的压价也减少；对于需方而言更廉价、更方便。

● 农村电商激活了农产品消费市场

农村流通体系正在加快建设，电子商务和物流的快速发展，吸引商贸流通企业看好了农村市场，这样就使实体经济和互联网在农村产生了叠加效应。许多电商巨头及资本对农村电商日益重视，并积极涉足农村电商展。截至2018年年底，阿里巴巴的农村淘宝村级服务站点超过1万个，覆盖全国近25个省份；京东乡村推广员超过20万人，京东服务店布局2000多家，京东农资电商的合作涉农企业达300多家；苏宁易购计划在短时间内建立10000家农村服务站，覆盖全国四分之一的乡镇。

电商巨头的投入，有力地带动了农村消费。乡村电商消费品市场日趋活跃，农村消费增长速度明显快于城镇。从2013—2018年分类商品销售来看，家电、手机、办公电脑、服饰是农村居民网购的主要消费品类，食品饮料、护肤化妆、鞋靴等品类的销售额也在猛涨。例如，2018年"双十一"，京东平台中280升以上的大容量冰箱，三分之二的销量来自农村；55寸以上大屏幕电视、滚筒洗衣机销售到农村的占一半以上。

农村电商不仅成为拉动农村消费的重要渠道，推动农民的就业和创业，也使得农民的收入得到了提高。据国家统计局统计，2018年农村居民人均可支配收入达14617元，比上一年增长8.8%。

● 农村电商让传统销售渠道如虎添翼

电子商务的到来，也给供销社这样的农村传统流通企业带来了转型发展的希望。许多传统供销社"老店"纷纷开始了信息化升级，接入电商平台，变身成为充满现代基因的"网店"——农村电商公共服务站。有的农村供销社还建成了"菜篮子"服务快线电子商务平台，把鲜活农产品从田头一条龙服务送到城市居民的餐桌。一头连着消费者，一头带动种养基地发展，实现了城市居民和乡村农民的两头服务。

　　越来越多的农村电商模式的兴起，使农村的商业发展迈入了转型升级的阶段。以往相对较沉寂的农村商业市场得到了极大的激活，农产品走出去的"门路"也打开了，为农村的商业发展带来了新的出路和活力。在这个意义上，"电商下乡"所带来的社会效益是难以估量的。

● 电商促进特色农业大发展

　　电子商务利用网络营销，可以锤炼特色农产品的特色，发展新客户。例如，建立一个特色农产品的专业网站，详细介绍特色农产品的相关知识，加上展示，并出示有关实验检测数据，以便在消费者心目中建立独特的形象，从而获得认可；同时，网上销售的快捷功能，能让感兴趣的消费者即时下单。如果不能自建平台，就采取借鸡下蛋的方式，借助"互联网+"或乘电商下乡的东风，大力推进农村电商发展，促进农民通过互联网平台创业，使一批农民变身为农商，在电商产业链上就业。

　　　　云南省双柏县通过发展电子商务助力特色农业发展，已有多家农产品电子商务公司和龙头农业电子商务营运企业，他们主要依托阿里巴巴、淘宝、天猫等电商平台开展运营，农产品电子商务业务开展得有声有色。

　　　　为了激活特色农业产业的发展，调动农民发展特色产业的积极性，双柏县除了建立完善的电商平台，还加强了特色农业的管理。他们将农业产业结构布局划分为低、中、高三个特色产业带，培强"三个一万"产业，即在低海拔地区的绿汁江沿岸培育以万亩（1亩≈666.7米^2）葡萄为主的热区水果产业带；在中海拔地区培育以豌豆、番茄、小米椒种植为主的万亩冬早蔬菜产业带；在高海拔地区培育以万头优质滇中牛羊养殖为主的产业带。构建低、中、高相结合的产业经济带格局，形成互通性好、带动力强、产业链长的主体空间结构，以此促进特色农业生产效益进一步提高。

　　这样的例子举不胜举。总之，电子商务的建立，不仅大大地开拓了农产品销售市场，也有力地推动了特色农业的发展。

● 电商为农村青年提供了创业机会

电商对农村就业产生了极大影响，为农村青年提供了更多的就业岗位，吸引外出打工人员返乡创业，并吸引外来人员尤其是一些素质高的大学生到农村创业。

农村电商可以足不出户获得丰厚的收入，比外出打工更具灵活性与自由性，自然吸引了大量的农民返乡创业。农民工返乡创业有利于照顾年迈的父母，预防空巢老人和留守妇女、留守儿童等社会问题。同时，还会吸引一些外来高素质的打工者为他们工作，给农村的发展注入了新鲜血液和新的动力。

第三节　农村电商与其他电商的区别

农村电商是后起之秀，在它兴起之前，城市电商已崛起有一些年头了。即使是农村电商，也有不同模式，在服务对象上也有所不同，这些就构成了彼此之间的区别。弄清这些区别，有利于我们更全面地认识和理解农村电商的完整内涵。

● 农村电商与传统电商的区别

农村电商，顾名思义，就是服务于"三农"的电子商务；而传统电商，诞生于城市，主要是服务于市民的。

1.传统电商

传统电商的服务对象，是以城市年轻人为主，是有文化、懂网络的新生代群体，提供的商品多以时装、休闲食品为主。由于城镇人口集中、交通发达，不需要解决"最后一公里"的物流配送问题，所以不存在什么障碍。同时，人们对网店信任度也高，依赖性很强，商户无须在当地开设实体店。

2.农村电商

农村电商的服务对象，目前是以农村中老年人为主（年轻人多在城镇打工、就业，属于传统电商的服务对象），也就是那些文化水平低、不懂也不会使用互联网的群体。提供的商品，主要为家电、中老年用品和食品，不过需要现场体验。所以，他们对网店的信任度低，依赖性弱，需要当地实体店展示样品支持。由于"最后一公里"的物流配送问题难以快速解决，电商发展受到很大的约束。

例如，在一些农村，使用一个叫"淘实惠"的电商平台，该网络平台以生产性企业为基础，以乡村小店为支撑，打通最后一个里程的物流配送，精准服务农村市场，解决农村留守群体买难、卖难问题，帮助县级传统商贸互联网转型，线下商品搬到线上销售，线上线下双向结合，进而让各个县域做连接，并且很受欢迎（见图1-4）。

图1-4　"淘实惠"电商平台

● 农村电商、农资电商、农产品电商的区别

随着电商在城市迅速普及和竞争的白热化，电商巨头们开始走进了农村，并为未来进行战略布局。随着农村电商的展开，他们又顺理成章地将销售对象瞄向农资电商和农产品电商领域，扩展了农村电商的外延。然而，无论是农资电商还是农产品电商，都远没有普通城市电商和普通农村电商（这里主要指向农村卖快速消费品的电商）发展那样顺利。那么，普通农村电商、农资电商、农产品电商之间的区别在哪里呢？

1.普通农村电商

普通农村电商与城市电商的区别，其实是有限的。二者交易商品的重心都是快速消费品，区别只是交易地点的不同，地点是从城市转移到农村。便宜、方便、选择多样性是最能够吸引农村消费人群的特点。但是，电商的交易对象从城市群体变成农村群体，则面临着诸如上网能力、网上支付、物流配送、退货处理等问题。

这些问题，可以通过县乡服务站或村级联络站的形式得到解决。但是，服务到村之后，运输半径随即延长，商品运输分散造成的配送成本也会迅速增长。所以，普通农村电商需要比城市电商更长的培养期。

2.农资电商

近年来，阿里巴巴、京东、苏宁等电商巨头，都把农资电商作为农村电商的重要补充，进行大力推广。但农资电商与普通农村电商有着不同的属性，交易内容和产品属性具有根本性的区别。

农资电商的交易对象，是农业生产资料，产品不是一次性消费的。所以，农业生产者所看重的便宜、方便等特点，不再是农资电商最重要的衡量标准，而农资产品的特点、产品质量、使用方法、配套技术应用、售后服务等因素，才是农业生产者所要关注的。由于农资产品的市场总量小、采购频次低，以销售额不断增长和购买频次不断提高为支撑的电商平台，就失去了传统业绩的推动力，见效自然慢。

3.农产品电商

农产品，当然也包括生鲜食品。这些产品存在着供应时效、储运能力和成本控制等方面的问题。因此，构成了农村电商领域的一大挑战。

更大的问题是，农产品电商缺乏成熟的产业化基础。由于农村土地和生产的零散化，农产品生产仍然处在无序、分散和随机性阶段，产品的数量和质量还不具备一致性和可预测性。就是同一个村子的同一种农产品，因为种植户不同，质量和口味也可能存在差别；而同一个农户在同一个年份不同批次和不同年份生产出的同一品种产品也会有差异。这种产品品质的差异性，会阻碍农产品电商的发展。试想，如果一个外地的消费者无法预知所订购的产品质量，下单的积极性肯定会大大降低。

这些区别体现了彼此不同的处境，促使人们思考解决问题的良策。

● 电商渠道和传统营销适合哪些农产品

并不是所有农产品都适合电子商务模式。过去，有些电商平台企图取代批发市场，但最终还是行不通。下面，我们用产品附加值和电商难度两个标准对农产品进行分类。

一是附加值高、电商难度低的产品。如有机牛奶（常温奶）、橘橙、松茸干货等，就非常适合电商模式，能带来丰厚的利润。松茸干货是非生鲜食品，说明大多数干货产品都非常适合做电商。实际上，干货农产品的电商渗透率确实非常大，大多数进入了电商品牌化的运作阶段。

二是附加值高、电商难度高的产品。如大龙虾、牛排、红提等。这些产品毛利润高，虽然仓储、运输、包装及其损耗夺去了利润空间，但是如果能不断提高储包运技术，也可为电商带来丰厚利润，同样适合做电商。

三是附加值低、电商难度低的产品。如米面杂粮、土鸡蛋、苹果等。这类产品如果能提升产品附加值就可成为第一类产品，比如做成林地散养土鸡蛋、有机杂粮、有机冰糖心苹果等，做电商就没有问题。

四是附加值低、电商难度高的产品。如豆腐、普通叶菜、鲜活鱼等，不适宜做电商。这类产品需要结合农产品加工技术，实现产品的保鲜储运，尤其是包装和产品多样才行。

对需求分散的小众产品，在传统渠道就很难有效流通，如产妇坐月子吃或给小孩吃的初产蛋，通过传统渠道很难买到，而农户也很难卖出去。由于信息不对称，买卖双方需要一个平台实现供求对接，电商直营就可以很好地解决这个问题。这种产品走电商途径是再好不过的了。

第四节　农村电商的发展现状

电子商务在我国正在如火如荼地兴起，但发展却不够平衡，特别是农村电商还很冷寂。农村电商起步晚，发展缓慢，导致农产品交易的途径不够丰富。可喜的是，发展农村电商的短板正在被政府的加大投入和政策扶持所克服。农村电商有喜也有忧，但前景却是十分乐观的。

● 政策对发展农村电商的持续支持

在"互联网+农业"发展的大背景下，农村电商或迎来历史发展机遇，其未来前景早已引起了党和政府的高度关注。自2015年以来，有关农村电商的政府文件也陆续出台。2016年4月22日，农业部等8个部门联合印发《"互联网+"现代农业三年行动实施方案》，明确了未来3年的总体目标，提出到2018年，农业在线化、数据化取得明显进展，管理高效化和服务便捷化基本实现，生产智能化和经营网络化迈上新台阶，城乡"数字鸿沟"进一步缩小，大众创业、万众创新的良好局面基本形成，有力支撑农业现代化水平明显提升。2017年，"中央一号文件"首次将农村电商作为一个条目单独陈列出来，再次表明了政府大力扶持农村电商的决心。其扶持内容包括：

一是加快建设网络基础设施。农村物流的现状还很不乐观，体现在快递不能送到村、配送价格贵、时效没有保障等方面，农村消费者不能享受与城市消费者一样的物流服务体验，已有的物流服务不能跟上农村消费者的需求。此外，相对于工业品下乡，农产品上行对物流的要求更高，尤其是对于生鲜产品，还需要必要的冷链物流设施配套。所以，解决农村电商的基本设施建设是当务之急。

二是促进健全的产业生态建设。农村电商发展的前提，是农民有"货"卖，有好"货"卖，尤其是有高品质的"货"卖，所以必须搭建起自己的生态环境，构建融网上商城、农业供应链、智慧农业和农民普惠金融服务为一体的电商服务平台。农村电商市场在包装、金融等配套资源上也亟待填补。品牌价值是涉农企业的核心竞争力，而国内的农产品企业很多只会做低价倾销，还不懂得做品牌信任和价值。为此，政府鼓励地方规范发展电商产业园，聚集品牌推广、物流集散、技术支持、质量安全、人才培养等功能服务，可谓正当其时（见图1-5）。

三是重视规划，让发展与规范齐头并进。对于农村电商的发展，政府起到的是引导作用，主导市场发展的仍然是涉农企业。不过，随着农村电商市场的开发，行业竞争也会更加激烈，政府仍须加强宏观调控，

图1-5　某县电商产业园

规范市场健康有序地运作。政府文件适时提出加快建立健全适应农产品电商发展的标准体系，势在必行。

在国家政策的大力支持、互联网巨头的重点战略推进下，加上农村市场蕴含的巨大发展潜力，农村电商落地生根自然会呈现爆发之势，农村电商发展的春天正在到来。

● 地方政府扶持农村电商存在的问题

政策对于农村电商的扶持，将极大地推动电商的发展，但也显现出不足的一面，主要表现在以下几点。

一是忽视市场调节的作用。在中央政府的大力推动下，地方政府纷纷采取措施扶持电商。但一些地方政府在支持农村电商的时候，计划经济时代的思维方式比较明显，行动有些走偏。例如，规定要建立多少数量的产业园、达到多少产值、培训多少电商人才、建成多少网点等，并对各项指示量化细化，这就违背了电商的市场规律，造成为了目标偏离实际。市场的发展不是计划出来的，产业的进展在很大程度上是一种市场化调节的结果，只有在面对市场的时候，才具有根据市场的发展特点进而对自身进行调节的能力，最终修正自己的市场行为。

二是政策扶持难以为继。发展农村电商，依靠足够的懂电商运营或者电商管理的人员，这些人员需要培训。有些地方政府在扶持培训中，投入了大量的人力和物力，也出台了相关的政策，但这些投入不是短时间就形成利润的，政绩显现得就慢。所以，有些地方政府往往缺少持续的投入，造成政策扶持断档。结果出现了大量电商"半拉子"工程。

三是扶持电商"一阵风"。许多地方政府看到了发展农村电商的优势，产生了推动电商发展的热情，"热"劲一上来，就满怀期待。但农村电商有先天的不足，农村基础设施本身还处于一个不完善的状态，导致电商在农村发展缓慢。在这种情况下，容易使急于出政绩的地方政府产生懈怠，不能从长计议，"热"劲过后，很快就冷了下来。此外，农村电商企业在面对困难时，也容易失去耐心。

● 当前农村电商呈现的发展特点

农村市场需求旺盛，农村电商呈现出持续快速增长的态势，中央和地方政府纷纷出台政策给予扶持，促成电商企业把触角伸向农村，这些都为农村电商的发展提供了强有力的支撑。具体而言，呈现以下发展特点。

1. 政府的扶持政策呈连贯性

党中央对农村电商的扶持政策层出不穷，出台的政策一年比一年有针对性，包括促进电商发展方面的政策、规范和监管方面的政策，都是及时雨。例如，2014年到2018年的"中央一号文件"，一再提及推进农村电子商务建设，并在2017年把"发展农村电商"作为政策单列出来。国务院发布的《"互联网+"行动指导意见》《关于大力发展电子商务加快培育经济新动力的意见》《关于推进国内贸易流通现代化建设法治化营商环境的意见》《中共中央、国务院关于深化供销合作社综合改革的决定》等文件，和商务部等部门的《关于加快发展农村电子商务的意见》《"互联网+流通"行动计划》《关于开展电子商务进农村综合示范工作的通知》等文件，还有农业部等部门的《推进农业电子商务发展行动计划》等文件，都在制度和政策上为发展农村电商开绿灯。同时，地方政府也相继出台了许多农村电商的相关文件。

2. 村级电商网店呈普遍性

以淘宝为例，从2009年开始，淘宝村经历了萌芽、生长、大规模复制、模式创新等阶段，至今在全国范围内符合标准的淘宝村超千个，覆盖活跃网店超过20万家。这些淘宝村分布于近20个省市区，其中，浙江、广东、江苏淘宝村的数量位居全国前三位。从某种意义上说，淘宝村网下建设，在运营与管理上具有更多的正面效应。

3.农村电商模式呈多样性

农村电商模式的多样性，体现在"综合服务商+网商+传统产业"模式、"区域电商服务中心+青年网商"模式、"生产方+电商"模式、"专业市场+电商"模式、"集散地+电商"模式、"农产品供应商+联盟+采购企业"模式等。在实践中，从不同的实际情况出发，又可以细化成更多的模式。这些模式将在以后的章节里进行详细介绍。

4.农村微商呈多层次性

农村微商由三个方面构成：微店、微店平台和微商技术服务商。表现为多层次代理、微来购和云微商、极享平台、微商城、公众号平台等形式。微商已经成为比较广泛应用的农村电商的一种形式。

5.供销社电商异军突起

全国供销合作社电子商务平台——"供销e家"于2015年正式上线（见图1-6），标志着具有供销合作社特色的电子商务综合平台，起到引领农村电商的"国家队"作用，能为供销社系统和"三农"提供优质服务：一是突出供销社系统的业务特点，开设特色农产品销售专区，解决农产品卖难问题；二是发挥合作经济组织的资源优势，建立农产品产销

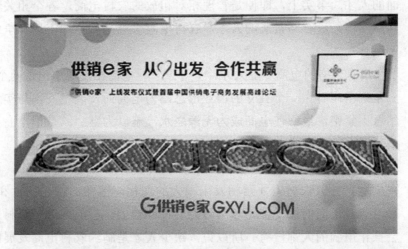

图1-6　全国供销合作社电子商务平台——"供销e家"

对接、农业社会化服务、国际合作社商品直供等专区，着力打造果品、茶叶、食用菌、棉花、粮油、农资等传统产业专区；三是提供"供销云"技术服务，为各级供销合作社开展农村电商提供后台大数据、云计算等技术支撑，减少地方供销社在软硬件方面的投入，并在技术上保持行业领先水平。

● 制约农村电商发展的因素

农村电商拓宽了农产品的销售渠道，倒逼农产品朝规模化和标准化发展，虽然好处多多，但在发展过程中，还是出现了许多问题，造成进度缓慢。这些问题在一些偏远和不发达的农村地区尤其突出。

1. 电商人才不足

受制于工资、待遇和地理位置等因素，农村电商无法引入和留住技术素质较高的专业人才，导致人才缺乏。服务人才的整体环境与高层次人才的期望也存在差距，导致高层次运营管理电商人才留不住、部分人才外流。

在农村，不少人对电商还有模糊认识，认为"会上网就能开网店"，对电商经营环节中所需要面临的产品策划、质量标准制定、品牌包装、宣传推广，以及销售、物流、售后等环节，缺少关注度，从而漠视这方面的人才。事实上，即便是管理相对粗放的农村电商，各个相关环节也马虎不得，没有高素质的人才，农村电商很难在激烈的市场竞争中保持不败。

没有合格的电商专业人才，会导致农村电商在发展中出现两个偏差。一是把电商看作一个独立的产业形态，为电商而发展电商，与实体产业结合不紧密，最终使电商成为无源之水，难以为继；二是把电商看作一般营销手段，忽视了与现有产业的融合，结果一只巴掌难拍响。

年轻人的文化素质相对高一些。但许多农村青年外出打工，不愿回乡创业，导致农村人才结构发生很大的变化，留守的都是儿童和老人。而老人对电商的接受能力和学习能力都比较弱，有的地方一个村连一个会操作电脑的人都没有。所以说，缺少人才是制约农村电商发展的最大瓶颈之一。

2.基础设施滞后

中国是个农业大国，广阔的农村市场潜力是难以估量的，但并没有被开发出来。并不是没有人想到这一点，而是在他们面前出现了三只拦路虎：第一只"虎"是农村物流基础严重不足，导致物流成本高昂，只能通过邮政体系进行配送，价格贵且速度较慢，一般电商无法承受；第二只"虎"是农村网络基础较差，而智能手机的普及又受限于网络，导致上网的困难；第三只"虎"是许多农村群众还未接触网购，更没有网上支付的习惯。

3.农产品质量难以保证

农产品质量难保证，会严重制约买方市场的购买欲。所以，解决农产品标准化问题是当务之急。农产品很难有统一标准，农业生产多以小户、散户为主，而少量的种养大户和专业合作社又缺乏质量意识和品牌意识，没有建立涵盖生产过程的全程控制、清理筛选、质量检验、分级包装、冷藏保鲜等环节的一整套质量管理体系，产品品质难以保证，难以形成品牌效应，消费者关注的"农药残留"和"激素"问题也就无从解决。

解决种种问题，需要政策的扶持，只有加大政策扶持力度，才能积极促进企业进农村。政策问题解决后，网商从业者就需要严格把握各个环节，严格掌控产品质量，让农产品成为高品质的放心产品。

第五节　农村电商的"三大巨头"

京东、阿里巴巴、苏宁等电商巨头，多年来一直是电商平台的先行者和成功者，在城市电商中各树一帜，成绩可圈可点。当农村电商开始萌芽的时候，他们又闻风而动，纷纷把目光投向广袤的乡村，试图从那里也分得一杯羹。于是，他们捷足先登，用自己的方式抢占农村电商市场，确实也做得有声有色。他们的加入，无疑给农村电商起到带头和示范作用，功不可没。

● 京东推出电商下乡的两种形式

京东是国内较大的自营式电商企业，京东发展农村电商，制定的经营方式是建立县级服务中心和"京东帮"服务店。

1.县级服务中心

京东投入农村电商之前，就已经做得相当出色，有了自己的运营系列和基础设施。2015年，京东建立县级服务中心，就是在各地原有的京东配送站的基础上加以升级改造，职能包括为客户提供下单、配送、展示服务等，当然也包括招募培训乡村推广员，紧盯农村市场。京东县级服务中心在全国各地迅速铺开，到2018年，保持1500家左右，落地全国多数县域地区，服务范围覆盖2万个乡镇，近20万个村庄。

京东县级服务中心，是由线上向线下拓展的一种尝试，主要服务于农村居民，仍然采取公司自营形式，房屋租赁、场地装修、家具采购、办公设备和人员编制等，都由公司自己负责；服务中心的负责人也是乡村主管，管理人员包括配送站长和乡村主管。乡村主管负责对当地乡村推广员进行培训、管理，乡村推广员既当销售员、物流配送员、售后服务员，也是京东的信贷员。乡村主管还负责协调县服务中心与"京东帮"服务店的功能匹配，双方相互协作，共同解决农村消费者网购商品的配送难题；还依据业务量和当地特点对员工自行分工，对本地区县的业绩负责。所以，这个业务主管必须有乡村生活经历或者非常熟悉乡村生活，具备市场营销能力，又有与客户面对面沟通协商的经验，才可能取得更大的绩效。

京东县级服务中心的运营形式，为农村电商的发展提供了借鉴。通过建立服务中心，形成聚集效应，带来关联企业入驻，对当地电商的榜样示范作用是明显的。京东发展农村电商的服务目标，包括工业品下乡、农产品进城、农资电商和农村金融等项目。其中，县级服务中心承担着当地农村电商的培训、运营管理和推广职能，以保障京东的"多、快、好、省"的电商服务能力，造福当地。

2.“京东帮”服务店

“京东帮”服务店是京东发展农村电商的另一种运营形式，仍然是面向4～6级市场，但以经营大家电业务为主，经营业务范围不与京东县级服务中心冲突。

“京东帮”服务店针对大家电产品在物流、安装和维修上的特殊需求，依托厂家授权的安装网络及社会化维修站资源的本地化优势，通过口碑传播、品牌宣传、会员发展、乡村推广、代客下单等形式，为农村消费者提供配送、安装、维修、置换、保养等全套一站式服务。

在农村推广电商的困难在于，农村区域广阔，居民比较分散，村与村、乡与乡之间的距离比较远，这些因素无疑增加了物流的成本和业务的难度。但中小城市的市场需求量已接近饱和，电商下乡是一种无奈中的选择，要想长久发展，不得不紧盯农村市场。京东选择在县级地区开设“京东帮”服务店，实际上成了县级物流集散中心，以后也可以作为县下各个城镇的物流点，随着农村基础设施的完备，物流等方面的难题也就有望得到破解。所以，京东电商下乡，也是一种明智之举。

电商下乡的另外一个难题是农村居民的购物习惯。很多农民不会使用电脑或手机购物，更缺乏网购的习惯。关键是引导，甚至亲自培训用户在京东APP上购买商品。“京东帮”服务店，既可以作为一个基层物流点，也可以作为线下的服务平台，负责给基层做好线下推广工作。

京东县级服务中心和“京东帮”服务店是京东的两张王牌，是打开农村电商市场的钥匙，最终目标是实现“一县一中心”和“一县一店”。通过自营的京东县级服务中心和合作的“京东帮”服务店，京东商城的业务正在覆盖全国县乡级农村市场，京东商城在一、二线城市塑造的正品低价形象，将被接力传递到广大农村地区，农村的消费者可以享受跟城市消费者一样的商品优惠价格和可靠的正牌商品。

2017年秋，网络传言“京东帮”服务店大面积关停，京东方面相关负责人回应称：网传新闻为不实消息，“京东帮”业务已经并入到京东新通路业务中，业务仍在持续展开。此次传出大面积关停，是一些“京东帮”帮主主动申请关停不做的，存在一些误会，属于被误传的旧闻。“京东帮”服务店模式也许走得不那么顺畅，经过磨合会探索出更适合的农村电商服务模式。

名词解释 ▶▶▶

　　京东新通路："京东新通路"承接京东集团"火车头一号"项目，为全国中小门店提供优质货源和服务。秉承京东的无界零售理念打造创新型智慧门店——京东便利店。依托京东的商品、供应链和技术优势，践行"一体化的开放"战略，输出"零售即服务"解决方案，自建地勤团队，为品牌商打造透明可控、精准高效的销售新通路，为门店提供正品货源和京东的品牌、模式及管理，让优质商品和服务直达零售终端，走进千家万户。

● 阿里巴巴启动"千县万村"电商计划

　　为了进军农村市场，早在2014年，阿里巴巴就宣布启动"千县万村"计划，在3～5年内投资100亿元，在县级地和农村建立线下服务点。具体目标，就是建立1000个县级运营中心和10万个村级服务站。并围绕四个重心展开：一是在县村建立运营体系，加强物流；二是培养买家卖家和服务商，培养人才；三是创新农村代购服务、农村金融和农资电商等；四是帮助农民提高收入、增加就业和实现新型城镇化。

　　为此，阿里巴巴积极寻求与各地政府合作，以自己的电商平台为基础，通过搭建县村两级服务网络，充分发挥电商优势，突破物流、信息流的瓶颈，实现"网货下乡"和"农产品进城"的双向流通功能。阿里巴巴旗下的"农村淘宝"是服务农民的一个战略项目，目的是让农村变成农村淘宝，实现"一个村庄中心点、一条专用网线、一台电脑、一个超大屏幕、一帮经过培训的技术人员"的村级目标（见图1-7）。

1.阿里巴巴电商下乡的运营方式

　　阿里巴巴是全球最大的网上零售交易平台，具有强大的优势。在进军农村市场时，他们采取的是"两个中心"和"一个服务站"的形式。

　　一是建立县级运营中心。县级运营中心的目标是培育农村市场，具有四项职能：负责村级服务站（合伙人）的开发建设、培训和管理，培养服务型人才；负责村级代购市场的运营、管理，促进代购市场的运行；负责县、村两级仓储和二段物流服务，便于货物的运输；负责市场

图1-7 阿里巴巴的"千县万村"电商计划

推广、电商培训和参观接待,推动"农村淘宝"的进展。

二是建立县城网货中心。县城网货中心的目标是货品流通,主要职能有三个:负责县城特色产品的挖掘、设计、包装、标准化和数据化,将产品推向世界作为前进的目标;负责为广大网商创业提供网货对接,使得"农村淘宝"的货源多种多样;承接县城特色产品的线下销售、OTO体验和产品推介,以利于吸引更多的潜在客户。

三是建立村级服务站。村级服务站的目标是面对面服务农民。主要职能有四个:负责代买、代卖和承接系列便民综合服务,以便客户了解"农村淘宝"的服务业务;承接到村物流服务;负责资金结算及金融服务,合理地理财,节省不必要的开支;负责村级电子商务氛围营造,促进创业、带动就业,以点带面促进"农村淘宝"发展。

2. "农村淘宝"的优势

阿里巴巴进军农村的电商形式是"农村淘宝",简称"村淘",既有县级服务中心,也有村级淘宝服务站。这些跟京东有相似之处,不同的是,阿里巴巴主要采取招募合伙人的方式拓展自己的电商业务,"农村淘宝"的合伙人主要帮助村民在淘宝上购物,另外提供网络代售、物流收发等服务。

农村青年大都离开了家乡,到外地发展,留守的多是老人和儿童。这些群体对一些支付、购物流程和产品保障方面的知识不是很了解。因此,他们并不习惯或根本不愿意选择网上购物。但是,如果有一个农村淘宝服务点提供帮助，他们会更加愿意在网络上购买便宜又实惠的同类商品。

"村淘"面向农村，农民从网店购物的流程是：你在网上看中了一件商品，可以直接找到"农村淘宝"店主，让他帮你下单填地址。而当你收到货后，也不必急着付款，先使用再说。如果你觉得满意，那就去店里付款，如果不喜欢，直接把衣服交给农村淘宝店主退货即可。这样的实惠购物形式，当然具有吸引力。

有了村级服务点，农民不仅买商品方便，卖农产品也方便了。例如，山里的板栗熟了，只要给店里来个电话，技术人员就会上门拍照议价，然后农产品就上了淘宝网，传递到全世界。接到订单后，发货即可。买家确认后，村民还可以选择现金或汇款两种方式收钱。这样全新的买卖形式，哪个农民会不乐意呢？

不过，农村地区的交通多存在不便捷的实情，很多快递服务点都只是设在镇里或者县里，价格自然不便宜。因此，网购商品在农村还不怎么流行，这也是事实。随着政府加快完善农村物流基础设施，这个问题很快会迎刃而解。

 名词解释 ▶▶▶

> OTO：是"Online to Offline"的缩写，也被称为"O2O"，即"线上到线下"。它是一种商业模式，核心就是把线上的消费者带到现实的商店中，在线支付购买线下的商品和服务，再到线下去享受服务。

● 苏宁电商下乡的"三步走"战略

农村电商是一个规模巨大的市场，但面临着农产品经营"小而散"、农村物流网络不健全和电商人才缺乏问题。为此，2016年5月，苏宁宣布成立农村电商学院，并发布未来农村电商战略：在农村市场投资50亿元，在已有的一千多家直营店的基础上，再开一千多家，发展一万家代理点及授权服务站，上线200个地方特色馆，带动10万人才返乡创业，打造20个"最美乡村"样本；以苏宁特有的"工业品下乡+农产品进城"的双向模式，打造苏宁农村经济生态圈（见图1-8）。

图1-8　进军农村电商市场的苏宁电商

此前，苏宁还提出了一系列关于电商下乡的举措，被总结为苏宁电商下乡的"三步走"战略。

1. 苏宁的"三步走"战略

2015年两会期间，作为人大代表的苏宁董事长提出了"通过互联网实现农产品上行，增加农民收入"的提案，不久再次提出了加强"农村电商人才培训、农村物流体系建设"的提案。同时，苏宁身体力行，积极打造自己的"电商下乡"的"三步走"战略。

一是建设通畅的流通渠道。受农村物流设施和网络用户的限制，进军农村电商的企业多以实体店形式推进，店铺不仅承担品牌展示和用户指导的职责，也可成为物流中转的重要通道。苏宁在2015年建成1011家苏宁易购直营店后，不断扩大，2018年又建成5000家，并计划到2020年完成建成10000个直营店的目标，达到农村市场的最大量覆盖。

二是实施惠及农民的运营战略。苏宁不是将农村市场简单视为产品倾销平台，而是希望借助自己的渠道和物流优势，实现农产品的上行销售，让农民借助电商渠道实现增收。一直以来，苏宁奉行冷链物流补贴制度，方便农产品上行。而苏宁物流云平台则通过大数据和社会物流资源的整合，在物流中实现社会资源利用的最大化。解决了物流问题，农村的产品上行问题便解决了一大半。从2015年开始，苏宁相继与江西、安徽、四川、甘肃等省签署合作协议，借助自己的终端服务店以及冷链物流优势，将当地农特产品销出。

三是建立O2O的农业电商渠道。苏宁通过自己的密布城乡的门店网络，将商品、服务直达市场末端，意味着将物流仓储下沉到县乡一级。与传统电商的工业品下乡不同，苏宁提出了"生产在当地、销售在当地、就业在当地、纳税在当地"的策略，通过农民增收、农业提效来促进经济发展，从而实现零售业的良性循环。

2.苏宁战略的亮点

面对京东农村、农村淘宝的强化竞争优势，苏宁的农村电商战略也可圈可点。它至少解决了以下几个问题。

一是解决了农村电商本地化的问题。在苏宁的农村电商战略中，有"造富在当地、销售在当地、服务在当地、就业在当地、纳税在当地"的"五当"战略，基本上都是当地政府、农村、农民迫切需要解决的，自然受到当地政府的支持和农民的欢迎。

二是解决了物流"最后一公里"的问题。苏宁除了搭建强大的物流体系，还把服务、门店开到农民身边。为此，苏宁重点布局三、四线甚至五、六、七线市场。截至2018年，苏宁直营店实现了三到六级市场的全覆盖，通过零距离的服务和物流体系的搭建，让农民享受到品牌的工业品，让农产品上行更顺畅。

三是解决了农村电商人才不足问题。农村电商在政策的推动下急速升温，但存在的问题也有很多。电商下乡后并不了解农村，不懂农民的需要，以想当然的姿态服务于农村市场，自然会碰壁。为此，苏宁提出了"教育先行、培训先行"的战略，认为培训人员就是提高电商的软实力。从2016年开始，苏宁针对农村市场，与有关部门联手，共同开展系统的农村电商培训计划，并成立苏宁农村电商学院，已开展线上线下农村电商培训100多场，培养农村电商人才超过15万人次，快速推进了农村电商人才培养和储备。

3.确保直营店持续盈利

如果电商平台缺乏线下实体支持，那么线上渠道就要承担销量和物流的双重压力，要想在短期内赢利是难以做到的。而苏宁的直营店则不然，覆盖到了县镇一级，与规模较大的苏宁连锁门店形成渠道和品牌的互补，不仅可以提高整个苏宁易购在农村的市场增量，而又借助其渠道，有极强的物流优势。所以，苏宁的整个农村电商下乡模式有望成为持续赢利的农村电商。

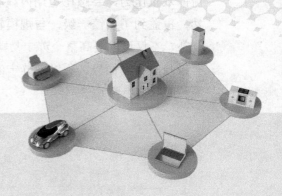

第二章

农村电商的模式和类别

　　电商下乡的时间并不长，它直接扎根于农村，服务于"三农"，使农民最终成为这个平台的最大受益者。阿里巴巴、京东、苏宁等企业纷纷推出自己的农村电子商务战略，在广袤的农村市场上攻城略地；像乐村淘、淘实惠和赶街这样的企业，也在农村电商市场上开疆拓土；还有诸如邮政、供销社等传统国有企业也纷纷出台农村电商战略。如今，农村电商如雨后春笋，迅速在农村大地上生根发芽，并形成了互利多赢、各具特色的电商模式。

第一节　形式多样的农村电商模式

自2015年起，涉及农村电商的国家文件多达20余份，地方出台的政策也数不胜数。同时，众多电商企业在城市市场中举步维艰，屡遭瓶颈，纷纷将投资目光转向农村消费市场。阿里巴巴、京东、苏宁等电商巨头和一批短小精悍的初创型企业，开始紧锣密鼓地布局农村市场，几度掀起了"电商下乡"热潮，各种电商模式也是五花八门。

● 外来电商模式

这里的"外来电商"，是指那些城市电商的巨头们，已经存在多年，有一定的网络基础和经营模式，最近几年才把目光投向农村市场的各家电商平台。

1. "公共服务+农村淘宝"模式

这种模式就是把网络平台植入农村市场，并与地方政府紧密合作，招聘农村淘宝合伙人，进行专业培训。然后，依托网络平台，实现工业品和农产品在城乡之间的双向流通，实现工业品下行和农产品上行。

这种模式以阿里巴巴农村电商为代表，其中"淘宝网"是这种模式的重心。他们的做法是，在当地政府的支持和合作下，在县域层面建立公共服务中心，由当地政府提供宣传、场地、培训、财务等方面的支持，公共服务中心则配备阿里巴巴县域"小二"，负责辖区内农村淘宝的管理、业务拓展以及村淘合伙人的录取与考核；并在村级淘宝服务站点，从事网上交易的代卖代购和快递的代收代发工作，主要盈利点是每一单的佣金提成；同时村淘合伙人也负责当地农特产品的网上销售工作。

这种模式的负面效应，一是对原有农村市场形成较大冲击，使本地商家面临越来越大的生存压力；二是本地实体商贸流通体系在外来平台的冲击下受损，地方GDP和税收被吸走到外来平台所在的电子商务发展较为成熟的地区，加大了地区间发展差距；三是农村淘宝依靠县域"小二"和村淘合伙人制度，很难在短时期内形成有效的农产品上行体系，村淘专职合伙人收入依靠代购佣金，而在网购需求有限的小村、穷村，村淘合伙人的生存处境困难，容易丧失信心。

尽管这种淘宝模式存在某些问题，但它的探索助推了中国农村电商的热潮，为中国农村电商的发展提供了理念、经验、人才和物质基础。

2."双线发展、渠道下沉"模式

这种模式的核心，是利用自己的平台和物流系统优势，在原有基础上拓展市场，实现渠道下沉，在农村电商市场上打造正品行货的品牌优势，从而打开农村消费市场；再通过服务站吸收本地服务商加盟，快速实现村级市场的布点覆盖，同时解决产品尤其是大件产品的售后服务问题。概括地说，就是"双线发展"和"渠道下沉"。

以京东的做法为例，所谓"双线发展"，就是指县级服务中心和服务站同时推进。县级服务中心依托原有的配送站，独立地开展除家电以外的商品营销、配送和展示业务。服务站采用加盟合作的方式运作，负责自有平台上大家电的配送、安装、维修和营销。为了真正做到"电商下乡"，县级服务中心和服务站还打通了4～6级市场，借助自营电商的货源优势，进军农村消费市场，实现让村里人与城里人享受同样的消费服务的目标，这就是所谓"渠道下沉"。

"双线发展、渠道下沉"模式的不足之处，是工业品下行远大于农产品上行，作为最大的自营B2C电商，如何利用自身集中采购优势，如何与农村产业链服务融合，真正助力农产品上行，还有相当大的努力空间。

3."县域中心＋产销联结"模式

这种模式的运作理念，是让每一个县域成为一个中心，让"数据、人才、GDP"留在县域，并通过与外部生态的联结，在每个县域自循环的小系统上，构建全国性的大生态系统。

这种模式以淘实惠电子商务平台为代表（见图2-1）。他们的做法是，总部平台与各个县域平台之间保持平等合作的关系，总部负责信息系统的开发、业务指导与培训、县域合伙人招募以及信息汇总等。县域平台借助总部提供的大平台和信息系统开展本县域的业务，主要业务包括网点拓展与培训、仓储物流服务、区域平台维护等。各个县域平台自负盈亏，人员、财务、资产等自行解决。

图2-1 专注于农村电商的互联网平台——"淘实惠"

这种模式在县域层面的主要做法，是构建本地化的电子商务平台。本地化体现于县域互联网自生态，即在县域层面利用互联网构建围绕本地流通体系的电子商务生态系统，帮助本地流通业态实现信息化转型升级，需求和资源等优先在县域内部进行满足和配置。

县域互联网自生态是一个去中心化的资源配置模式，各地县域合伙人负责在各自区域内的资源配置，对区域内的网点拓展、仓储配置、人事管理、发展规划等拥有独立的决策权。整个平台系统是一个分散决策的自我协作体，除了数据需要向总部汇总外，各地并不存在一个中心化的决策主体，各地县域合伙人本身就是当地县域电商的决策者和执行者。

这种模式在全国层面通过特定渠道将各个县域进行联结，激活原本沉寂的县域之间的商品、资金和信息流通。借助总平台上地方馆，各个县域的土特产品可以在全国的供应链中进行流动，信息和资金可以在平台系统中得到快速、高效的共享和结算，各个县域生态在平台系统中得到联结，并形成了一个全国性的流通市场大生态系统。

"县域中心+产销联结"模式不仅在县域层面融合本地商业资源，同时也把电子商务平台分割为若干个县域小平台，并把这些小平台融入本地商贸流通体系中，提高本地市场的流通效率，从而实现了县域互联网自生态的将"数据、人才和GDP留在本地"的经营理念。

不过，这种模式在全国平台与县域合作伙伴的利益机制和业务协同上，会面临一些难度，需要边实践边改进。

名词解释 ▶▶▶ ------------------------------

B2C：是英文"Business-to-Customer"（商家对顾客）的缩写，而其中文简称为"商对客"，是一种企业对消费者的电子商务模式。这种形式的电子商务一般以网络零售业为主，主要借助于网络平台，为消费者提供一个新型的购物环境——网上商店，消费者通过网络购物、支付。由于这种模式节省了客户和企业的时间和空间，大大提高了交易效率。

● 本土电商模式

近年来，全国各地涌现出了大量农村电商发展案例，也形成了相对固定的农村本土电商模式。

1.自上而下的农村电商

自上而下的农村电商，是由政府主导的一种模式。虽然在一些地区，如江苏省徐州睢宁县的沙集镇，农民以自发组织的形式开展电子商务，网商自发式产生、发展和成长，经过摸爬滚打，最终形成颇具规模的产业链条，让人刮目相看。但是，大部分农村地区由于受多重因素制约，电商的发展还面临多重阻力，难以开展。这些困难因素包括互联网知识的培训、交易诚信机制的建设等方面，如果没有政府参与难以起步。在这种情况下，只有政府积极发动农民、组织农民，农村电商才具备发展的基础。

由政府牵头而发展起来的电商，在一些地方已有成功案例。例如，湖南省娄底市政府利用信息化手段发展现代农业，并利用政府的威望和资源为农村电子商务发展服务。为此，设立大型政府助农、惠农项目——"网上供销社"，以信息技术为手段，采取"实体+网络"运作模式，为破解农村信息化建设"最后一公里"问题，解决农民"买难、卖难"提供了新途径。最终依托中国供销社行业资源，建设成为全国最大的农村移动电子商务平台。"网上供销社"还与联想、中兴、长虹等20多家供应商签订供货合同，并与娄底当地的相关企业签约了200多个网点，农民可通过"供销通"手机，在网上销售农产品、购买日用消费品。

2.自下而上的农村电商

自下而上的农村电商，就是由市场牵引、社会或用户自己投入、农民自发地利用市场化的平台开展电子商务。自上而下的模式是靠政府为主导的外在力量推动农民做电子商务，就是"要农民信息化"；而自下而上的电商模式则是靠农民自身的动力开展电子商务，它是"农民要信息化"，二者存在主动和被动的区别。

在自下而上的模式里，农民本身在电商的实践和成长中起决定性作用。农民的网店销售及加工业从产生、发展到壮大，基本是依靠当地农民自发组织的力量，电商的萌芽和发展也是自发的。如果说，自上而下的模式很容易脱离地区实际，特别是在农民没有自发意愿的情况下发展，无法充分调动农民的积极性，并且政府包办一切也容易导致村民参与感缺位，那自下而上的模式可以避免这些缺陷，市场的调节和成功的喜悦就是他们坚持下去的动力。这种模式的成功案例，除了江苏徐州沙集镇，还有江苏沭阳颜集镇。那里的农民自发在淘宝网上开店销售花木，网销规模占到总销售量的三分之一以上。河北清河的农村电商，也属于这种模式，如清河县东高庄村75%的农户自发从事羊绒纱线与制品的网络销售。其特点是先工业化后电子商务，当地农村的工业发展到了一定程度后，再来利用网络销售发挥助推作用。

不过，即使是自下而上的电商模式，也不是要求政府完全缺位，在其发展中同样离不开政府的支持。政府对待的原则，应该是"不缺位、不越位"。不缺位，就是致力于营造良好的农村电商环境；不越位，即不要越俎代庖地替农民决策、代市场去干很多出力不讨好的事情。凡市场自己可以解决的，就应让市场去解决，政府不干预；但对于一些市场失灵、农民网商自己突破不了的瓶颈，特别是农民网商明确甚至强烈要求政府出手的，如土地征用、资金支持、人才培训、网络资费、能力建设等问题，政府就应该主动解决，积极出面帮助协调或出台有针对性的政策措施，并不断改善对农民网商的公共服务。

3.双向O2O电商模式

双向O2O模式，就是搭建双向供需平台，把商品、服务、信息快速输送到农村，再把农产品、劳动力、农业信息输送到城市，重点在于促进农村基础设施建设，优化农村产业结构，形成一个闭合的"商流、物流、信息流、现金流"循环系统。简言之，就是直接面向农村消费者和供应商，以批量集中采购为基础，减少中间环节，降低交易成本，实现城乡之间的沟通和连接。

乐村淘就是这种模式的代表（见图2-2）。乐村淘通过招募省级加盟商、整合村镇零售网点的方式推进双向流动，通过电商平台和村级加盟实体店将城市的工业品输送到农村，让农民买到安全、放心、性价比高的商品；同时，农民借助乐村淘平台把当地的农副产品输出，并根据平台汇总信息反馈，指导农作物的种植，推进订单农业。为此，乐村淘专门成立了"农产品批发交易中心"，通过建立专门的农副产品流通服务体系，将农副产品高效输出。

图2-2　中国最大的村镇O2O电商服务平台——乐村淘

由于乐村淘模式是通过省级加盟的方式吸收更多的区域商业伙伴共同经营本地农村电子商务市场，各地加盟商根据本地情况各自建立县镇村三级服务体系，为在线交易提供有效支撑，这种模式无疑更加"本土化"，更受农民欢迎。

4.双向流通电商模式

双向流通的模式，就是以电商平台、城乡物流配送体系、连锁商业网点为依托，通过线上线下融合发展，构建"工业品能下乡、农产品能上行"的市场流通体系。

这种模式一般包括三个部分：一是从事工业品下行业务，主要开展农村代购、农村创业和本地生活服务等方面业务；二是从事农产品上行业务，主要开展农产品供应链、营销体系的搭建；三是从事孵化和宣传，主要对农村电商的参与主体进行培训。重点是围绕当地农特产品，建立相对领先的农产品电商供应链支撑体系。

"淮商易购"就属于这种模式。2014年，淮商集团成为全国首批电子商务进农村综合示范县——安徽省怀远县的承办企业之一。淮商集团依托各类连锁店所形成的服务网点，集中打造"淮商易购"这一线上线下融合发展的电商平台。一方面，他们在原有的各类服务的基础上，增加了淘宝代购、京东代买等开放服务接口，并与乡镇和村级服务网点完美结合，实现了上万种商品的快乐网购，顾客可以体验线上购买、店内自提、线上预订、线下体验、店内下单、送货上门等多样化购物形式。同时，积极开展农特产品上行服务，集团在怀远微生活、智慧怀远、淮商易购三网建设的基础上，建设淘宝蚌埠馆、京东蚌埠馆、苏宁蚌埠馆等三个地方特色电商平台，积极引导地方企业、产品上线运行。

与此同时，集团还利用本身的物流优势，完善农村物流配送服务平台，方便农村电商代购配送和农产品上行。在集团的物流与配送中心，各类农产品一应俱全，既有粮油、调味酱料等不同产品分区陈列，也有生鲜清洗生产线，各类蔬菜经过清洗、分拣、包装，成为标准化产品。为了确保产品尤其是生鲜产品的及时配送，集团还为所有车辆配备了GPS定位系统，对配送过程实施信息化管理，实时跟踪监控，真正做到了全程服务、服务到家。

双向流通模式在运营模式上向移动化、服务化、社群化、本地化等方向主动谋变的探索实践，值得人们高度关注。

5.产业分散化销售模式

这种模式，就是把农村分散的农特产品通过网络平台收购过来，再卖到商户或用户手里，特点是需要经过中间环节。例如，新疆农民通过互联网销售葡萄干，卖到中间商手里。淘宝网上有个店铺，就经营葡萄干、大枣等产品，农民先将丰收后的葡萄干卖给农产品批发市场，然后这个店铺的网商从农产品批发市场购入，再利用淘宝网这一平台向全国乃至世界进行销售。这其中葡萄干从农户到客户中间，共经历了三个环节。

这种模式简单易用，对农户的互联网知识水平，对农村信息化、物流、银行等基础设施要求很低，农户只要种好农特产品就行，也不需要加工，直接拿到批发市场卖掉即可。互联网在其中对农户来说，没有太多直观的意义，虽然其在整个产业链条中必不可少。

但这样的模式还不具备规模，一来销售的产品不是加工产品，而是直接的自然物品，产业链条很短；二来销售的主动权不掌握在农户手中，因为村民需要依靠淘宝网上的网商，先将产品卖给他们，由他们转卖给用户。结果，不仅导致产品价格增高，更使农户无法掌握生产的主动权，处于弱势地位。

6. 产业集群化销售模式

这种模式与产业分散化销售模式不同的是，农特产品呈集群化生产，形成了一定的产业规模。许多农村地区，通过发展特色产业，已经积累了一定的产业规模，在此基础上发展农村电子商务，就有了坚实的基础。起点高，农村电子商务的规模也大，这是产业集群化电子商务的一大特点。

例如，"世界瓷都"福建德化县，有着悠久的陶瓷生产历史，是古代"海上丝绸之路"的重要出口物源地，现有陶瓷企业2600多家。在此基础上，德化成立了电子商务工作领导小组和电子商务协会、物流协会，为德化陶瓷搭建电商平台创造了各种优势，跨境电商成为德化陶瓷经济发展的新"蓝海"。培育跨境电商企业100多家，并率先在美国、俄罗斯设立陶瓷跨境电商海外仓，德化县也进入阿里巴巴全国"跨境电商创业最活跃的25个县"。河北省清河县号称"中国羊绒之都"，是全国最大的羊绒制品生产和销售基地，在当地已经形成了包括养殖、加工、销售的产业链条，羊绒制品的生产规模很大。在此基础上，清河县的东高庄村利用当地的产业优势，发展起农村电子商务。

这种集群化的电商平台，拥有非常完整的配套体系（物流体系、监管机制、交易平台等已经具备），整个产业链运作已经非常成熟。电子商务取代传统的销售模式，互联网向传统产业深度渗透，便是水到渠成。

7. 依托大平台销售模式

这种模式就是依托电商巨头的大平台，展开自己的业务。

自建平台当然更方便，但因为技术难度大，并不是想建就能建成的。在广大农村，自建平台更是奢望，只能选择现成平台进行自己的农产品销售。农民一般选择淘宝或者微店为主要平台，这两个平台受众较广，而且有绝对的知名度和服务保障，对于初创企业而言，比自建平台更便利和快捷。一般来说，采用这种模式的，多以贩卖当地特色农产品为主。

例如，湖北随县某公司，是一家致力于销售本地农产品的电子商务企业，成立之初就瞄准本地丰富的农产品资源优势，制定品牌化发展道路，并注册了商标。公司的经营模式是通过农村电商服务站及当地农村合作社，采集当地的特色水果信息，对产品进行定位，提炼产品卖点，策划网上营销，通过入驻京东特产馆、苏宁易购特色馆、淘宝特色馆等国内各大电商平台，组织专业团队从事策划运营，通过预售、实体店体验和与各大区门店合作等形式，进行多渠道推销这些产品。果农负责种植，公司负责销售，产品通过电商平台直接对接消费者，让顾客可以吃到最新鲜的水果。

这种模式最大的优势，就是大平台的诚信度有保证，交易机制成熟，而且这些大平台有非常完善的物流体系提供服务。所以，在缺乏互联网知识的农村，依靠别人的平台要比自建网站更加方便有效。

8. 自建平台销售模式

这种模式，就是把传统电商B2B、B2C模式照搬过来，做平台销售各类农特产品。

有一些农村特色产业的集聚地非常出名，经济条件比较好，农民的知识水平也相对较高，很多村民不再依靠淘宝网这样的平台，而是通过自建平台展开电子商务，"自作主张"地从事电商业务，而不受其他平台的限制。例如，福建省仙游县素有"中国古典家具之都"之称，古典家具产业基础雄厚，生产企业达2000余家。不少家具都是通过互联网来销售的，已经形成了不少规模较大的企业，这些企业希望通过自建网站来开展电子商务业务。通过在网上建立自有网站，实时更新、发布最新款式，不仅扩大了企业产品的宣传面、降低了企业的宣传成本支出，而且能够解决外地客户现场看样的问题。在当地，已有连天红、贡品轩、山中古典等厂商，纷纷建立了自己独立的网络销售平台，为自己的客户提供更安全的交易平台和更完善的客户服务。

还有一种服务当地的自建网络平台，是以农产品和生活用品的配送为服务内容。例如，重庆有一个"武陵生活馆"，就是建立在电子商务和乡村配送体系基础上，具有连锁性质的新商业主体，以县域、乡镇建立旗舰店为主要标志和货品集配中心，以乡村开立特许经营连锁便利店为销售终端，以网络购物为全景展示和无边界经营为特色，构筑了一条全新的乡村消费供应体系。它具有仓买超市、乡村配送、网上批发等功能，实行线下展示交易和线上网络订购相结合。

不过，对于农产品的销售而言，这种模式发展的难点在农产品上游的采购和物流上。目前常见的解决办法是依托当地农产品收购商，但通过农产品收购商得来的农产品质量难以保证，毕竟这些农产品多为散户种植培育。另外就是自建农业基地，专门种植农产品，然而投资成本相对较高。

由于和传统电商的差异性不明显，同类农村电商之间的竞争会比较激烈，甚至出现企业兼并或者破产的情况。

第二节　农村电商的四大类别

发展农村电商，一是为了工业产品下行，二是为了农产品上行。双向流通的产品无非以三大类为主，即农产品、农资产品和乡村旅游产品。农资产品是下行产品，农产品和乡村旅游产品是上行产品。还有一种，叫"农产品+旅游"电商产品。经营好这些电商产品，才能为发展农村经济做出贡献，造福"三农"。

● 农产品电商的意义和现状

农产品电商是农村电子商务的重要组成部分。历经多年的发展和探索，我国电子商务继图书、服装、3C（电脑、手机等电子类产品）三大电商热潮之后，开始进入第四轮电商热潮，即农产品电商时代。

1.农产品电商的意义

发展农产品电商，方便将农民手里的农产品销售出去，对"三农"而言，具有划时代的意义。

一是减少农产品流通中间环节，提高流通效率。农产品电商则以传统的农产品批发市场为现实载体，去除中间商环节，构建"生产者—农村销售合作组织—商务电子批发市场—（网上）零售商—消费者"新型的电子商务流通链，减少农产品流通环节，加速商品和信息的流动。

二是降低农产品的流通成本，增加农民收入。电子商务减少了农产品流通环节，缩短了流通链，不仅降低了农产品流通的运输保鲜成本和时间成本，而且节约了交易中介的运营费用及抽取的利润。另外，通过电商平台，农民能直接、迅速、准确地了解市场需求，生产出适销、适量的农产品，避免因产品过剩而导致的运输、储藏、加工及损耗成本增加，节约信息搜寻成本、摊位费、产品陈列费、询价议价成本等。

三是有利于健全市场价格机制。造成农产品价格不稳定的主因，是市场分割、信息不对称、缺乏充分竞争的市场环境。电子商务可以打破信息闭塞、市场割据的局面，构建规模大、透明度高、信息流畅、竞争充分的全国农产品统一市场，建立反应灵敏、健全有效的公平价格形成机制。

四是促进市场交易方式的改变。高成本、低效率的交易难以适应农产品流通的需要，市场呼唤更加先进、高效的交易方式，如拍卖等。传统的招标拍卖因受地理位置、物理空间和通信手段的限制，交易者数量有限、手工操作的交易效率低。电子商务的自动化和空间可扩展性为传统的拍卖交易提供了新的发展空间。通过电子商务拍卖平台，大量分布广泛的交易者可以进行网上零距离的沟通和交易，构成充分竞争的市场环境。

五是完善市场的信息服务功能。电子商务网站可作为信息发布前台，将各类信息进行整合、发布，并与其他农产品市场进行信息联网，使用户能从同一平台上获得即时、全面、有价值的信息。

2.农产品电商平台的特征

农产品电商，引导传统农业向信息化、标准化、品牌化的现代农业转型，并促进特色农产品走向"高端"发展路线，具有以下特征。

一是交易的全时性。这也是所有产品电商的特征。电商对任何一个行业都是有交易全时性的优势，包括移动网客户的普及，更是利用了社会化的推广，触及终端消费者的碎片化时间。

二是融合多项服务功能。可以融合物流配送服务、物流交易服务、信息服务、融资担保类金融服务等为一体，平台系统将实现基础业务、运营业务、平台管理和运营支持四个层面的业务功能。

三是实现全程管理。可以实现各层级会员管理、供应商商品发布、承销商在线下单交易、交易管理、订单结算、担保授信等全程电子商务管理。为了支持平台业务向农产品产业链两端延伸，满足开展订单农业、跨国电子交易及跨国贸易融资等业务的发展需求，平台支持多种交易管理流程共存，支持标准及可灵活拓展商品，具备交易规则灵活性、结算多样性及管理复杂性的特点。

四是实现全程质量把关。在配送和销售过程中，通过制定和实施符合现代物流要求的技术标准，对农产品在流通过程中的包装、搬运、库存等质量进行控制，从而形成"从田头到餐桌"的完整产业链，由市场有效需求带动农业产业化，提高农业生产专业化、区域化、规模化水平。

3. 农产品电商的现状和发展态势

自电商下乡以来，农产品电商发展迅速，各种力量共同投入，共同发力，呈现可喜的态势。

一是农产品销售增速居高不下。以阿里巴巴为例，农产品销售额的年均增速为112.15%，淘宝网上的水产、肉类和水果生鲜产品的销售增速高达200%，在所有品类中排名第一位。其他平台的农产品销售业务发展势头也良好。农产品电商正处于融资高峰期，京东、宅急送、收货宝等销售农产品的平台先后获得融资，投入农产品电商领域。

二是政府部门积极组织产销对接。政府部门积极为农产品上市牵线搭桥，不断组织网上购销对接会。例如，近年来，商务部曾先后两次组织网上购销对接会，成交额达到110.3亿元；农业农村部在四川试点蔬菜产销平台"菜易通"，力求实现产销对接、生产指导、市场预警、电子商务和蔬菜期货交易五大功能，使产销两头都受益。粮食方面，中国网上粮食市场早稻交易会在江西省举行，当天举行两场网上交易，网上共竞价成交4.27万吨粮食，成交额达1.23亿元，网下洽谈成交10.45万吨粮食，成交额达3亿元。此外，江西上饶市与浙江衢州、温州、台州、绍兴4市县紧密合作，先后成功举办四届早稻网上交易会。几年来，中国网上粮食市场早稻交易会共在网上交易粮食17万吨，金额4.5亿元。

三是农产品网上交易模式呈现多样化。2014年，全国首个"南菜北运"全程冷链果蔬绿色专列——广西百色至北京果蔬绿色专列开始运营，百色老区蔬菜水果的专列进入北京，只需3～4天，这些农产品就出现在北京超市的货架上。这标志着我国电商物流进入新阶段。沈阳铁路局"东北货物快运"的特色品牌之一——鲜活货运快车首开，采取发电车供电机械式制冷，每组车编挂冻结式保温车、保鲜式保温车和冷藏式保温车2～3辆，适合各种储藏要求的鲜活产品运输，车辆在辽宁大连和黑龙江哈尔滨间循环开行，沿途有9个主要装卸办理站。这只是其中一个例子，像这样的方式，其他地方也在尝试运行。

四是电商峰会积极为农产品产销出谋献策。这些年，农产品电子商务展会、论坛、培训十分火爆，促进了农产品电子商务理论研究和人才培养。2014年，阿里巴巴在浙江杭州阿里巴巴西溪园区举办首届中国县域经济与电子商务峰会，百余位县长参会。此后，类似峰会年年召开。此外，中国食品（农产品）安全电子商务高层研讨会、海峡两岸农产品电子商务发展论坛相继举办。

五是跨境农产品电商成为新热点。2014年10月，阿里巴巴启动韩国农产品首批进中国活动，首批主推的韩国96种商品几乎覆盖了整个食品大类。作为阿里巴巴旗下的批发平台，40%的"1688"（涉外电商平台）的买家是淘宝天猫卖家，今后从韩国直接批发进货，下一步就是卖给消费者，比以前通过层层代理商节省成本，货源也相对有保障。2014年，上海自贸区在半年时间内先后开通两个跨境电子商务平台，分别是"跨境通"和"报税店 .com"，而国内电商淘宝、京东商城等早已开通海外农产品直采或直邮服务。出口方面除了提供综合服务的亚马逊、阿里巴巴外，还出现了一大批B2C跨境电商平台。2014年5月，广东首个农产品跨境电子商务平台试点在广东国通物流城启动，新西兰一家乳业企业成为正式进驻该试点"我要跨境购"电商平台的首家国际企业。

4. 农产品电商在发展中存在的问题

农产品电子商务利民利商，各方面积极性很高。但在实际运营中，不断出现新问题、新情况，使这个行业固定的劣势慢慢得以显现。

一是平台大同小异。涉农电商网站建设没有自己的特色，上网"千网一面"，下网也"千网一面"，同质化现象严重，导致竞争无序，经营亏损。这也是京东与阿里巴巴出现竞争的原因之一，如果错位经营也就不会出现这样的格局。

二是基本设施不健全。农产品电子商务营销对农产品物流提出了更高的要求。农产品市场基础设施比较薄弱，仅有的传统流通农产品批发市场面积小、服务功能少，农产品流通领域中现代物流必备的配送中心仍为空白。

三是运营成本居高。畜牧农产品季节性强，蔬果类鲜活农产品易腐烂、难储存，这就要求快速交易、快速配送。因此，农产品在运输过程中必有的冷链园区、冷链库、冷链车数量增加了不少，但是运营效率不高。

四是标准不统一。农产品复杂多样，因此相应的标准不统一，难以统一定价和规模化经营，不利于降低成本，提高效率。农产品物流托盘不统一，运营成本较高，难以降低。农产品交易的标准不统一，大量的违法、违规、违标交易现象存在。

五是信任度低。农产品具有周期性、价格波动性，导致生产者、经营者、消费者利益均不稳定，难以形成一种协同关系，不利于降低成本。

六是安全性低。许多农产品农药残留、激素残留等不安全因素还大量存在，"三品一标"产品数量及其比例较低。农业农村部启动"农药零增长"计划并不等于不用农药，而是需要用好农药，掌握用药的时间。

七是经营环境不容乐观。阿里巴巴系、京东系垄断了全国整个网络市场80%的市场份额，其他农村网络零售电商主要受两大电商影响，特别是"小众特色"电商优势难以发挥。许多大平台由于海量的网商存在，导致出现许多价格违规、假冒伪劣产品等行为，难以进行正常管理。

八是农产品的标准化和品牌化建设不到位。农产品受季节和气候等自然条件的影响很大，在生产和供给方面具有不可预知性。农产品电商需要更好地利用产品编码化、分级标准化和包装规格化等手段，为产品的交易提供便利。与此同时，由于我国地域广阔，农产品的生产者和生产地域相对分散，附加值不高，品类繁杂，致使农产品丰收后不能大量保存，也不能集中加工和销售，这些因素严重阻碍了农产品产销电商化。

● 农资电商的现状和瓶颈

农资是农用物资的简称，包括种子、农药、化肥、农膜及农业生产、加工、运输机械等。据测算，国内农资市场容量已超过了2万亿元人民币，市场空间巨大，电商化率却很低，农资电商市场的潜力非常可观。

1.传统农资市场的劣势

从计划经济到市场经济，我国的农资市场经历了从"供销社"时代，到代理商、批发商、零售商时代，再到电子商务时代，经过了一系列的嬗变和飞跃。传统的主流农资销售，要经过代理、批发、零售等环节，农资从厂家到农民手中，要通过区域代理商、市县、乡镇、村等多级分销商，几经倒手才落入使用者手里，这其中存在的问题也非常多。

一是网点混乱。生产商为追求高销售，把农资产品批销到各地经销网点，作为"厂家直销"点的县市经销商为追求高回报往往又发展下家，越挂越多、越挂越乱。

二是名目繁乱。国家对农资产品没有准确、规范的标准要求。然而在乡村农资市场里，一物多名、一药多名时有所见，农民无法分辨优劣，致使不少好的农业科技产品不能更好地发挥作用。

三是售价不一。同一功能、同一品牌、同一厂家的同名、同包装、同计量的农资商品，常常因销售形式不同而卖出不同的价格。

四是广告虚夸。广告乱吹，而农资科普却不到位，让人眼花缭乱、难辨真假，销售假农资现象也时有发生，严重坑害农民，让人深恶痛绝又防不胜防。

2.农资电子商务的优势

电子商务能得以发展，原因是它在保证产品质量的前提下，最大化地为消费者减少消费成本，为生产者节约销售成本，是买卖双方都能满意的一种交易平台。

农资电子商务交易模式，也会弥补传统经营模式的不足，让买卖双方受益。一是能大幅缩短销售链条，只有厂家—消费者或厂家—中间商—消费者两种模式，做到让利于消费者，降低经营成本（见图2-3）。

图2-3 负责采购农资、送货上门的农资淘宝服务点

二是冲破时空的限制,买卖双方随时通过网络"面对面"交易,大大提高了效率,增加了产品交易的机会。电子商务的中间环节相对减少,使得生产者和消费者直接交易成为可能,在一定程度上改变了社会经济运行方式。另外,电子商务的互动性强,商家之间可以直接沟通、谈判、签合同,消费者也可以把反馈建议直接传达到农资产品的电商平台上,企业或商家也可以和用户随时进行互动交流,如同面对面一样。

三是能提供精准农资产品服务,消费者足不出户,就能与厂家直接交流信息,享受售后服务。今后,熟悉电脑网络及电子商务的农民会越来越多,农资电商平台既可以方便他们选择农资产品,也便于他们接受技术指导和机械产品的维修保养服务。随着农业生产的规模化和产业化发展,农业种植结构会发生差异化改变,对农产品的生产品质提出了更高的要求,这势必会造成农资产品的差异化和精准化的选择。农资电商平台能帮助农户进行农资产品方面的信息查询。

3.农资电商的现状和发展态势

农资电商是行业发展的大势所趋,农资市场正渐渐形成"厂家—农资电商—农户"模式。经过第一轮的爆发式增长,农资电商行业已形成了以下几种模式。

一是专注农资领域的垂直型电商平台应运而生。这类平台专注农资销售,面向各类农业经营主体,目标客户明确,能轻易实现同类产品之间的比价、比货功能,注重为客户提供服务,入驻的多是农资生产商、供应商。例如,有一个"云农场"电商平台就属于此类,它帮助农户直接通过平台从厂家采购农资,并提供农技服务,已发展成为集农村电商、农村物流、农技服务、农村金融、农民社交等多个领域于一体的综合性农资服务平台。同"云农场"规模不相上下的,是一个叫"农一网"的电商平台,则以经营农药为主,入驻品牌达几十家,服务方式是在基层成立"代购人员",帮助农民下单,而传统经销商在成为"农一网"会员后,只负责配送和售后服务,避免了过去有农民赊销的麻烦。除了上述两个农资平台外,易农优选、拜农网、农资大市场、龙灯电商等也是同类电商平台,各具特色,其中易农优选、农资大市场以种田大户为客户群,以走量为主,不接受单个订单,只有订购的数量达到物流标准时才予以派送。

二是综合性电商平台纷纷涉足农资产品。阿里巴巴和京东,是国内知名的综合性电商巨头，在把目光投向农村市场之后，同时紧盯着农资市场。它们凭借各自的超级互联网入口地位，向各类农村市场全面渗透。以京东为例，所售种子均为京东"入仓式"自营，同时支持商家一起做协同仓储；而农药和化肥等产品，则以厂家入驻平台的形式进行经营；京东还计划推出厢式、货车式移动仓走村串户，以线下实体赶大集活动为载体，实现线上下单，现场提货服务。再说阿里巴巴，平台已吸纳多家农资生产商入驻；淘宝网正上线农资频道，涵盖了种子、农药、肥料、农机、饲料、兽药等各种农资产品，而且产品直接由厂商供货，同时从准入机制、店铺保障金、售后周期等方面提高保障能力。

三是专注农村市场的区域电商平台，以农资为产品下行的重点。一些本土化的区域农村电商，草创之初就以服务农村为目的，既关注农资产品下乡，也注重农产品上行。区域电商的优势是能够做到降低交易成本、减少库存，劣势是产品品类有限，无法满足消费者定制化及宽品类需求。这类的电商平台，有点豆网等。点豆网主要整合农药、化肥、种子、农机和日用品的输入，以及农产品的输出、农村物流、农村金融等农业产业链，服务方式为设立"一村一站"，扁平化销售，商品直达农户。"农资哈哈送"则针对河南、河北、山东、安徽农村的大型农资、日用品整合购物平台，在县城设立代购店，在村级设置代购员。"好汇购"主要针对吉林省搭建农资、日用品及医药下乡、农产品上行的平台。"星润农资"等主要采用O2O模式整合原有线下农资店、乡镇日用品超市进行网络销售并提供物流配送。

四是老牌传统农资企业应势而为走上电商路。面临电商大潮的风生水起，传统农资企业积极应对，纷纷搭上了电商的快车。做电商，传统农资企业的优势在于，它们有成熟的物流、营销系统、品牌口碑、服务体系等优势，并有长期扎根基层对于农村消费者需求的深入了解，这是其他电商可望而不可即的。对于传统农资企业而言，引入电商不是对传统销售渠道的升级或转型。例如，"中国购肥网——鲁西商城"是由鲁西化工独立建设维护的、面向终端用户展示、销售鲁西复合肥产品的网站，为传统渠道增加了产品直销的方式。再如，"买肥网"是中化化肥有限公司打造的B2B电子商务平台，主要为农资企业现有的核心经销商提供在线的B2B电子商务交易平台，实现公司与核心经销商在交易各环节中的业务信息透明和数据实时共享，客户需求可以真实、直接地反馈到工厂，缩短购货流程，提高供应链整体效率。跟上述电商平台相似的，还有农信商城、芭田股份、司尔特、史丹利、中农控股等老牌农资企业打造的电子商务平台。

五是服务型农资电子商务脱颖而出。农资产品在使用过程中，存在着技术难关和操作方面的瓶颈，这对文化水平普遍不高的农民消费者而言，确实是一个问题。所以，需要有人为他们提供配套的售前售后服务，于是，信息服务先导型平台就脱颖而出。这类平台以提供服务为主，整合技术服务、商务服务和平台服务，有的以论坛形式发起，有的提供免费移动信息服务终端，它们集聚客流，提高产品精准投放率，同时打造良好的用户体验，满足农户对基础服务的需求。例如，"农医生"客户端是中农问科技有限公司旗下的一款针对农业生产的专业实用的手机问答应用，通过平台，农户可以快速上传农业生产遇到的问题或疑问，平台整合农机专家、植保专家，在线免费、快速、准确地解决种植过程中出现的各类难题，功能涉及病虫草害图谱、农资产品查真伪、查找附近农资店等。"益农宝"是浙江农资电商平台的移动客户端，是一个集信息整合、农机在线、庄稼医生、农资4S店于一身的多功能信息终端，为农户提供植物营养解决方案的同时能精准营销。与上述平台类似的，还有191农资人、中国农资联盟等，以门户网站、论坛等形式提供农业资讯、技术服务、技术交流，并兼营农资产品。

4.农资电商面临的发展瓶颈

农资电商发展得如火如荼，在不断探索之下，迎来了广阔的前景。但要长足发展，困难还是较大的，主要体现在以下几个方面。

一是供货方面存在的问题。农资不是日常用品，一般播种或收获时使用较多，冬季很少用到，所以在使用上存在着高峰和低谷期，农资价格也随着使用冷热期而波动。因此，电子商务交易模式对厂家或中间商的资金量、仓储要求大幅提高。此外，如果遇到价格剧烈波动，则一般会造成供货方被动。

二是物流方面存在的问题。农资产品在销售中，经常存在集中供货现象，尤其是肥料，在需求高潮时运输相对不便，不可能同其他快递那样运作。这对物流水平的要求很高，如果物流跟不上交易平台的要求，则会影响受货方的生产。

三是受货方面存在的问题。农民是农资的消费者，他们以分散的种植户为主。由于居住区的分散性，加上种植结构的复杂性，致使农资产品的使用时间、数量、品种高度分散。此外，农民的文化水平较低，构建平台的基本工具——电脑的普及不足或不会操作，最终导致农资电子商务进展缓慢。

四是信任机制方面存在的问题。构建信任机制是电子商务交易的难题。由于农资使用属于投资、使用后效果反映滞后、不易鉴定的特殊属性，所以第三方信任机制构建显得更为重要，这不只是资金安全性的问题，还包含农资产品安全性、一旦出现问题如何妥善解决的问题。

● 乡村旅游电商的优势和问题

乡村旅游以其参与形式的多样性、参与主体的广泛性、旅游效益的综合性，逐渐成为旅游开发的热点。随着乡村旅游业与互联网行业的双重发展，乡村旅游电子商务平台的网站建设成了乡村旅游业的重要课题。

1.什么是乡村旅游

所谓乡村旅游，就是以旅游度假为目的，以村庄、野外为目标，以人文无干扰、生态无破坏、游居和野行为特色的村野旅游形式。其中包含两个概念，一是旅游地点在乡村地区，二是以乡村特色作为旅游吸引物。改革开放以来，乡村旅游产业得到迅速发展，近几年围绕乡村旅游又创新了一些概念，如游居、野行、居游、诗意栖居、第二居所、轻建设、场景时代等，新概念的提出使乡村旅游内容丰富化、形式多元化，有效缓解了乡村旅游同质化日趋严重的问题。

2.乡村旅游为什么要引入电子商务

发展乡村旅游，前景十分看好。但国内的乡村旅游产业，以"小、弱、散、差"为特点。从一个旅游产品的设计、供应商采购、市场推广、销售、结算等诸多环节，都需要大量的业务操作，而且基本上都是手工操作，效率低下，成本高昂。

随着时代的发展，人们对旅游的需求转变为追求"舒适、自由"的个性化旅游，不满足于传统的大众化的旅游服务方式，不愿意再被动地接受旅行社或接待方提供的固有的旅游线路设计。就是说，传统旅游产业中只满足观光游览的"到达型"产品，已不再受游客的青睐，"舒适、自由"的个性化旅游方式成为人们追求的新时尚。

在这种背景下，乡村旅游电商的产生，正当其时（见图2-4）。不过，国内乡村旅游电子商务的兴起，多表现为政府推动型，缺乏真正意义上的旅游电子交易。旅游电子商务为乡村旅游企业提供电子商务应用平台，在这个平台上，经营者可以轻松完成旅游产品的设计和供应商采购，同时对外进行宣传推广和在线销售报名，还可以进行内部的业务交流与合作，保持旅游业务的高效顺畅运营。

图2-4　某乡村旅游培训现场

3.发展乡村旅游电商的优势

电子商务与乡村旅游的结合，具有以下几个优势。

一是旅游信息量大，供选择的机会多。电商所固有的便捷、高效、低廉的信息流通方式，会使乡村旅游方面的信息传播能力大增。国内大部分乡村旅游行业组织规模小，缺乏广泛的客户群体和供应商网络，外部环境对旅游产业的制约，首先体现在信息渠道狭窄上，企业难以及时了解信息、捕捉市场机会。而在互联网信息环境下，企业依靠网络收集、反馈信息，获取常规形态下难以捕捉的资讯，经营会更为主动。同时，避免了游客找不到自己喜欢的乡村旅游项目。

二是节省费用，降低交易成本。据统计，涉足乡村旅游的企业在网上做广告宣传，能够提高10倍的销售数量，而为广告付出的成本只是传统广告的十分之一，且宣传费用不会随着地理覆盖范围的扩大而增加。一方面，电商使乡村旅游产品的交易成本大幅下降；另一方面，信息使旅游企业的生产和经营更具有针对性和效率。信息资源的开发利用，在旅游企业经营中比组织机构、资金占有更重要位置，从而使人、财、物相对处于劣势的乡村旅游企业的经营得以扭转。

三是扩大了乡村旅游产品的销售渠道。有了电子商务之后，乡村旅游企业可以在网上推销旅游产品、规划线路，寻求国内外代理，酒店、交通部门可以开展网上订房、订票业务，景区景点也可以把宣传资料制成图文并茂的旅游信息上网展示推介，吸引各地的游客，旅游企业当然就获得了更多的市场机会。

4. 乡村旅游电商平台的功能

建设乡村旅游电子商务平台，其网站结构应该有以下五大内容：一是展示乡村旅游目的地，向游客推介乡村旅游资源；二是向游客建议搭乘的进入具体乡村旅游目的地的交通工具；三是为游客提供的各项乡村旅游服务保障；四是包含视频库、照片库等在内的丰富多彩的多媒体传播手段；五是运用动画、视频、声音、电子地图等先进技术展开的多媒体营销。其模块功能具体如下。

概况介绍：指休闲农业乡村旅游目的地的概况介绍。

宣传促销：指乡村旅游目的地的宣传促销信息，内容包括乡村旅游目的地对外宣传的主要乡村旅游资源及乡村旅游产品，涵盖食、住、行、游、购、娱六大方面的基本要素信息。这个功能模块也是乡村旅游电商平台最基础、最重要的模块，是基础数据库的重要组成部分。

旅游线路：指休闲农业乡村旅游目的地辖区内的主要乡村旅游线路产品，并定期更新上传数据。

优惠折扣：指休闲农业乡村旅游目的地可提供给游客的优惠信息及折扣信息。

在线咨询：指乡村旅游电商平台针对游客提供的在线咨询服务。

旅游动态：指各乡村旅游目的地发布的各种乡村旅游电子商务平台资讯、乡村旅游动态、乡村旅游促销等信息。

搜索引擎：指各乡村旅游电子商务平台网站必须支持强大的数据库检索服务，为游客提供食、住、行、游、购、娱等分类查询，关键字及多关键字的模糊查询等搜索服务。

旅行保障：指乡村旅游目的地为游客提供的各种旅行保障服务，包括乡村旅游服务热线、乡村旅游投诉服务、各城市乡村旅游咨询服务中心提供的各项服务等内容。

5.乡村旅游电商在发展中存在的问题

乡村旅游产品备受世人关注，正从国内旅游市场走向国际旅游市场。但乡村旅游在发展的同时也出现了许多问题或不足，这些问题或不足已经制约了乡村旅游的进一步发展。

一是旅游网站仍旧处在初期阶段。2007年12月，中国休闲农业网的开通，标志着我国乡村旅游与电子商务相结合进入了新的时期。此后，各地陆续建立了许多乡村旅游网站，开辟了乡村旅游专题，但多数网站仅局限在单纯的乡村风光、农家乐园、农家产品的介绍上，没有深入地推介旅游线路，只能供游客简单地浏览。由于没有建成统一、高效、权威的乡村旅游信息资源库，电子商务的优势难以发挥，远远不能满足乡村旅游快速发展的需求。

二是旅游企业没有充分参与。大多数乡村旅游企业只着眼于建设自己的旅游网站，处于信息孤岛的状态。有些旅游网站只是把线下产品直接搬到网上，虽然起到网上宣传推介的作用，却缺乏自己的特色和卖点，没能充分发挥平台的网络特性和市场作用。此外，旅游企业之间也没有进行足够的横向与纵向联合，没能充分发挥和运用各自在区域内拥有的旅游中介优势。

三是发展乡游资金短缺。多数农村地区的经济实力还比较薄弱，当地政府难以为本地的旅游业大规模投入，而农民本身的收入又有限，因此资金短缺制约着旅游电子商务的发展，成为发展乡村旅游经济的一大障碍。

四是旅游产品开发人才缺乏。乡村旅游的发展虽然前景不错，但专业性人才严重匮乏，高素质人才的缺乏直接导致了旅游市场的营销落后。所开发的旅游产品，多是低层次、粗放式的，一些高价值旅游资源处于原始状态。而电商专业人才队伍在农村更加缺乏，阻碍了网络业务的拓展和完善。

五是旅游管理者目光短视。由于乡村旅游的管理者水平参差不齐，致使管理混乱。争抢游客、对游客的提问一问三不知的现象，导致不少旅游者乘兴而来，败兴而归。造成这些问题的主要原因是经营者对乡村旅游的特点认识不清，不懂得如何去钻研相关业务，不懂得去揣摩旅游者的心理，错误地认为旅游者来到这里看见了山，看见了水，看到了美丽的自然景观就行了。正是这种错误的思想使从业人员没有钻研和学习知识的欲望,旅游业务知识贫乏。

● "农产品 + 旅游" 电商的现状和模式

做乡村旅游电子商务的同时,把农产品作为一种旅游产品与其结合在一起,这是一举两得的大好事。就这样,"农产品 + 旅游"电商模式产生了。

1.什么是"农产品 + 旅游"电商

人们对旅游电商的初级的理解,离不开"通过线上渠道,以销售门票为入口,吸引用户到景区消费"这个认识;对于农产品电商的理解,又离不开对"卖货"的认识。这些理解虽然是浅显的,但也有一定的道理。但是,乡村旅游商家如今又希望吸引到的外地游客不仅仅是来景区观光游玩的、来"吃住"的,也是在尽兴之后买走当地农产品的,这样就提高了旅游产品的附加值;而线上的农产品商家也不再将目光锁定在"卖货"二字,更进一步的目标是让游客们在吃好的同时,顺便玩个痛快。于是,"农产品 + 旅游"电商模式应运而生了。

"农产品 + 旅游",这二者是相辅相成、相互促进的。农产品溯源可以激发消费者的旅游兴趣,带动农产品所在地区的乡村生态游;游客通过互联网渠道订票到景区游玩,享受当地的吃住行乐一体化服务,以旅游服务带动当地农产品的销售。游客通过景点认知,以后还会进行线上农产品下单,等于为农产品打了一个品牌广告。

2. "农产品 + 旅游" 如何结合

将农产品作为特色旅游产品,让旅游与农业紧密结合,在旅游景区、景点推广品牌农产品,以名、优、稀、特的产品吸引游客购买,满足消费者需求,这种"农产品 + 旅游"的营销方式有广阔的前景和良好的商机。将二者结合起来的方法,可参照以下两点。

一是将农产品作为一个旅游品牌进行建设,建立农产品的溯源体系,激发消费者旅游兴趣,发展农产品富足区的乡村生态游,带动人们去当地了解生产它的环境、周边的人文、周边的风光,以一个爆点完成旅游推介。可以根据不同的农产品生产过程,设计丰富而有趣的农事体验活动，休闲农庄与乡村旅游园区就成了城里人经常去的体验基地。通过体验，了解有机农产品的生产过程，接受有机农产品经营者的生产经营理念，从而成为休闲农庄与乡村旅游园区的有机农产品消费客户。

二是以旅游服务来带动当地农产品销售，用景点认知加速消费者线下农产品消费的步伐。每一个旅游景区都能看到当地的一些农特产品，接着考虑如何让游客把这些东西带回去，这也是需要努力探索的方向。可以在几个景点下单，然后通过物流体系把东西寄给游客，让游客免去了携带的困扰，具体方式需要进一步探讨。

3. "农产品+旅游"电商的模式

过去，农产品和旅游市场，二者互不打扰、各自为战：卖农产品的专卖农产品，卖旅游景点的专卖旅游景点。如今，由于电子商务的引入，农产品上线越来越多，在线旅游市场的产业链也愈加成熟，市场竞争越来越激烈，二者就有了结合在一起的需求和便利。

旅游电商平台已遍布全国各地，对大部分旅游电商来说，所谓的在线销售就是把当地的酒店、景点门票等信息展示出来，凭"运气"赢得订单。这种以门票为入口带动周边消费的模式能实现旅游电商的利益最大化。对于"一日游"的游客来说，他的旅游花费或许就是一顿午饭外加一张门票的价钱；但是，对于景区运营商来说，这样的消费显然无法达到他们的预期。较理想的消费状态应该是将"一日游"变成"两日游"甚至是"多日游"，在门票与午饭的基础上，提供更多让游客消费的可能性，打造集吃、住、行、乐于一身的综合服务，带动景区整体销售额的增长。

最初，景区运营商将景区产品进行打包销售，并与线下的特色餐饮结合，推出多种旅行套餐，玩转整合营销。例如，将门票票价降低，将门票与相关的产品进行打包，那些被便宜的门票价格所吸引的消费者，在大多数情况下还会购买其他产品。以少量的门票价格损失获取一个新用户，这是非常值得的。而且，新用户在其他产品上所创造的价值将会填补门票销售所带来的亏损。

对景区来说，游客的吃住行是核心，农特产纪念品属于附带销售。将农产品这种实物产品的销售与旅游的吃住行乐服务产品销售结合起来，才能真正形成地方的特色优势。这种资源的整合需要政府、企业和平台共同努力。

在"农产品+旅游"电商模式中，有些地区提出先做好农产品融合，再走好旅游O2O。所谓的融合，是指游客可通过旅游旗舰店购买旅游产品，商家在组织生态农业游的过程中将着重展示农产品。比如，组织游客体验乡村生活，了解豆腐和土特产的制作过程。通过"寓教于乐"，不仅提升了游客对农产品的认知，还带动当地农特产品的销售，有助于将农产品更好地融入旅游服务。通过网上旗舰店，游客可直接在线上下单购买当地农产品。而线上线下统一的价格使得农产品的复购率较高。通过线上下单，等游客旅行归来时，农特产品或许已经送到家门口了。

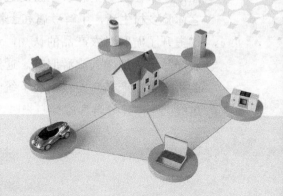

第三章

农村电商发展的误区与瓶颈

　　据商务部公布的数据，2018年我国网络零售市场规模持续扩大。全国网上零售额突破9万亿元，其中实物商品网上零售额7万亿元，同比增长25.4%。其中，农村网络零售额超过1.37万亿元，同比增长30.4%；农产品网络零售额达到2305亿元，同比增长33.8%。农村网络零售额持续增长，增速明显超过城市，且在全国农产品网络零售额的占比持续提升。但农村电商发展也存在着一些误区，产生了一些教训，值得总结和吸取。

第一节　农村电子商务发展的误区

有人说，21世纪要么电子商务，要么无商可务。阿里巴巴的发起者马云也认识到：得农村者得天下。电子商务如何发展，在发展中应该提防哪些误区？以下是关于这方面的一些探讨。

● 发展农村电商在认识上的误区

发展农村电商，首先要有一个认识的过程。对电商的认识和理解，决定了要不要发展电商、怎样发展电商。以下几种认识要规避。

1.把希望全部寄托在发展电商上

电商只不过是一种发展农村经济的手段。虽然电子商务是一个新兴事物，人们戏称搞电商为"触电"，但并不是电商一触即灵。那种认为引入电商农产品销售就万事大吉、迎刃而解的想法显然是错误的，如果把电商视为农村经济发展的救命稻草，那就陷入了更深的误区。

其实，人们对电商的普通认知是：电商就是一种新型的业态。所谓业态，是零售店向确定的顾客群提供确定的商品和服务的具体形态，是零售活动的具体形式；或者说，业态就是指零售店卖给谁、卖什么和如何卖的具体经营形式。可见，业态不是一种形式。就如其他业态一样，没有任何一种业态可以在经济的发展过程中包罗万象，电商也一样，难以担当农产品销售的全部重任。电商只是促进农村经济发展的一项重要手段。我们应该关注和鼓励这种业态的发展，但不应有超出实际的想法。

即使农村电商全面铺开，达到鼎盛时期，也要相信仍有部分农产品是销售不畅的，没有哪个电商平台能够完全解决这个问题。农产品的销售渠道本来就是多样的，也应该是多样的，批发市场的模式仍是销售的主渠道。农产品从地头到餐桌必然要经过流通这个途径，电商也仅是这众多途径当中的一个而已。

2. 只重农产品上行，忽视工业品下行

农村电商，不仅要为农产品销售提供市场，也要为农民需要的工业品提供选择的平台，具有双向功能。农产品的上行作为发展农村电商的一个重要内容，是广大农民心中的期盼。但农村电商要发展起来，也要关注"工业品的下乡"，它能够使广大农民足不出户就买到自己想要的各种产品，实现农民购物的便捷、实惠，拉近城乡之间的距离，在城乡一体化道路上迈出坚实的步伐。此外，农村电商还应关注服装、玩具、茶具、鞋帽、小商品等非农产品的上行。至于"电商+旅游"，这方面也有了很多可以复制的经验。所以有人说，农村电商最重要的不是帮助本地卖出多少农产品，首要的作用是营销这个地方本身。

3. 盲目引进电商致使劳民伤财

在农村电商发展的认识上，也存在着盲目建设电商平台的误区。有的地方建个平台花费巨资，每年维护费也不少，却卖不出东西，成了废网页。有的地方盲目建园区，搞得有声有色，想以此集敛人气从事土地开发、商业地产，或者通过物业收费创收；但是农村地区的电商多数处在刚起步阶段，根本不需要这么大的地方集中办公，很多电商企业不建厂房，不招工人，搞的是皮包公司，结果园区成了"鬼城"，办公室根本没人办公，园区没人，地价就上不去，无法做商业地产开发。有的地方盲目招商，招商工作只注重"大象起舞"，不重视"蚂蚁雄兵"。一些县穷尽政策，给尽优惠，仅把企业的一个仓储基地招了过来，又是给资金扶持、贷款优惠、税收减免，结果过几年这些政策没有了，企业皮包一拿卷铺盖走人，什么都没有留下。有的地方一味招大商引大资，想尽快找到一两个大电商装点门面，而真正的主力军——青年电商创业者很难得到扶持，没有实现"大众创业、万众创新"，长久的发展缺乏牢靠的基础。

4. 对电商的认识两极分化

一些地方政府对发展电商采取观望态度。虽然对电商有所熟知，但以前党中央没有讲，国务院没有安排，也就懒得发展，多一事不如少一事；后来党中央、国务院重视电商了，便蜂拥而起，从上到下、从里到外都在抓电商，从徘徊不前忽然转向贪功冒进、大干快上，巴不得很快出政绩。在发展电商的过程中，也存在着两种态度：一方面，有的地方还在担心，电商影响了实体经济，也收不上税，根本没有想明白，装着

样子干；另一方面，有的地方妄图短期内就将电商发展到什么规模，有没有条件都要上，违背了经济规律，很有可能形成一批烂尾工程。

● 发展农村电商在管理上的误区

电商发展起来了，要管理，要"维护"，也要展开业务和解决问题。在这方面，各地也存在着一些误区。

1.独木难支

电商的核心是"商"，既为商，许多地方就交由商务局来主管，这本来无可厚非。但是，电商是个系统工程，涉及方面广，并不是一个商务局就可以担当起来的。商务局的职能，决定了所处的位置很难担当起本地电商顶层设计的重任。发展县域电商，牵扯到政府办、宣传部、食药监管局、市场监管局、交通局、农业农村局等部门，只有把各部门的资源整合起来，把各方面积极性调动起来，县域电商才能有更好的发展。显然，商务局没有这个能力调动同级部门展开工作。如果光凭商务局孤军奋战，县域电商必定处处碰壁，举步维艰。

2.培训偏差

很多人认为电商就是年轻人的事，因为只有年轻人才会触及网络。所以，一搞培训，就重点关注想从事电商工作的或大学刚毕业的年轻人。其实，所谓电商，"电"是手段，"商"才是目的。年轻人确实有"电"的专长，对网络轻车熟路，一点即通，可他们却缺乏农业和农产品方面的知识，对产品的特点不甚了解，做起来就十分困难。所以，培训的目光应扩展到农民身上，加强农民对电商知识的培训往往更能取得事半功倍的效果。有许多农民非常好学习，他们对如何生产农产品、如何销售农产品更加熟悉、更有见解、更接地气。

除此之外，还应加强对政府机关干部的培训。如果机关干部不懂电商、不掌握电商方面的知识，就难以有更好的顶层设计，就难以指导本区域电商的发展。

3.只重硬件

电商的发展需要硬件和软件共同发展，缺一不可。但实际情况，虽然县乡村各级政府非常重视电商工作，但在发展过程中出现了少数只注重形象的现象，过多地重视了硬件的建设，忽视了软件的建设，在硬件建设方面出现了重复建设等现象。其实，如一个机场可以被多家航空公司使用，这种一场多用的现象是资源的整合和利用，县域电商的发展应该借鉴这种"机场现象"。电商服务中心、培训中心、孵化器、众创空间、农创工坊等硬件设施固然重要，但县域电商的发展更需要软件，需要政府的良好顶层设计、众多的创业人员、良好的政企关系、浓厚的电商氛围，这些更是发展县域电商不可或缺的因素。

4.贪功冒进

在农村发展电商，基础条件比较差，人才也相对匮乏，商业模式还不成熟，如果没有政府及时上手创造条件，积极扶持，没有一把手工程的大力推进，恐怕难以为继。但在实际发展过程中，由于对电商的概念、内涵、目的等不甚明了，而又急于搞出成绩，有一些地方出现了冒进、搞形象工程的现象。例如，有的山区县不切实际地提出村级电商服务点全覆盖，一些村无人运营、无人交易，成了空架子；有的风风火火刷墙，大兴土木。硬件建设十分卖力，但缺乏实质运营，效果十分惨淡。

5.模式不清

发展农村电商，是一项有助于农民享受信息化的红利与便利的惠民工程，有利于农民解决销售农产品的难题。但是，这是不能急功近利的，政府不可能马上出政绩，电商也不可能马上见效果。农村电商基础太差，开始会走上一般电商企业最不愿意干的重资产模式，一个村级农村电商点的建设与运营费每年不在少数，一般企业投不起，所以最后便演化为靠补贴来维持。如果运营状况持续不佳，财政负担将相当沉重。实际上，一些地方性电商平台的资金链压力确实非常大。如何找到合适的发展模式，着实让当地干部感到头痛。

6.缺乏统筹

农村电商线长面广，单凭商务部门一家扛大鼎，也不可能把活干完，也难以有效统筹各个部门的资源项目，于是出现各个部门纷纷上马的情形，各自为政现象较多，而"协同"发展的动力不足。如果县级政府不能通过一把手强力整合各方资源的话，到了基层往往政策散乱，各行其是。同时，由于农村电商被视为最后的"蓝海"，各大电商不免加速"跑马圈地"，有的地方已经出现各个电商"水火不容"的现象，长此以往，加剧混乱，让人忧心。

● 发展农村电商在经营上的误区

引进农村电商的目的，就是让它成为一条连接城乡买卖的渠道，归根结底是让它良性运转起来，达到互利双赢的目的。但是，在实际经营过程中，也存在以下误区。

1.继续用流量玩法扩张市场

流量是电商的根本，但流量在农村用户那里往往无法落地。因为国内多数农村地区的人口正走向两极化：要么是老人，要么是小孩子，充其量再加上留守妇女；此外，农村居民多以体力生产劳动为主，没有过多的时间上网，因此，即便电商企业投入重金购买流量，转化率也相当不乐观。

在手机终端上，虽然低价智能手机正在普及农村用户市场，但对于尚未完全互联网化改造的农村居民而言，实现手机购物依然需要足够的精力去指导、教育。几乎可以判定的是，常规流量玩法在农村市场上是难以取得理想效果的。

2.以刺激农民网购为目的

有些电商企业继续以常态的低价促销手段来刺激农户产生网购的欲望，但实际效果并不好。这是因为从传统习惯上农民赶集到店购买商品，一来可以逛逛街，二来遇到熟人可以聊聊天。集市商品，仅在价格上也是有一定竞争力的，至于大件商品，农民也习惯去城镇商场根据性价比购买，产品的性价比参数在此意义也不是十分明显。

正因如此，电商企业要抱着将产品倾销到农村的想法，必然会面临用户一阵风购买，又一阵风跑掉的问题。农民是完全的价格敏感型用户，为价格甚至可以放弃一部分用户体验，企业在此很难得到商业价值。

其实，农村地区一方面是重要的"拉动销售市场"，另一方面也是农产品生产基地。农村许多地区有土特产品以及加工类产品，由于缺乏销售渠道以及相应品牌支持，发展一直相对缓慢，所以，发展电商应该是双向的。

如果农村电商平台能够以重建农村零售生态为已任，在农村实现销售与生产的双刺激，无疑有利于电商平台品牌在农村的放大。

不过，农产品上行服务，不是没有困难的。农村特产多为生鲜，物流门槛之高已令不少电商企业望而却步。只有部分在此有传统优势的企业才有望借"电商下乡"进入高速发展的通道。

3.忽略"最后一公里"建设

农民纷纷在当地务工，由此造成的后果是农民的时间成本极高，而除邮政快递以外的多数物流公司只能将快递送往县城或者乡镇终点站，农户去乡镇取货则意味着可能要牺牲务工的收入，无形中增加了网购成本。如果忽略这"最后一公里"，也难从根本上取得农户欢心。所以，在大力发展农村电商前，相关基础设施要到位。

物流为农村电商第一难题，解决物流问题意味着电商企业在物理层面才有可能实现产品的双向流动，农村的商业生态重塑也由此开始。

4.不注重人才的深度培训

电商在农村作为新的商业形态，对人才的要求也远超过其他零售形式。不少地区的所谓"电商孵化器"，内部多以电商具体实操为主要培训项目，诸如修图、上货、商品标题、客服等。这些培训项目虽然可满足一时之需，但长期看来，所谓的农村电商人才沦为"工具"，这显然无法满足新的商业生态的人才需求。

苏宁易购董事长张近东曾向全国人民代表大会提案，聚焦农村电商人才问题，建议通过政府牵头，由电商企业广泛参与，对农村电商人才进行大数据、商业模式的全方位培训，使电商人才成为产品种植或生产到销售再到营销和品牌建设的复合型人才。这个提案显然是高瞻远瞩的。

人才，有"匠才"与"人才"的区别。匠才只具备解决一时问题的能力，缺乏长远的规划和现代的商业素养，而人才则为能掌握商业的基本规律，可以举一反三地来适应未来复杂的商业变革。

授人以鱼不如授人以渔，电商企业如果能明白此中道理，将农村电商人才视为新商业的落实者和推动者，中国农村电商的发展将会少走许多弯路。

第二节　农村电子商务发展的瓶颈

农村电商不仅拓宽了农产品的销售渠道，而且还会倒逼农产品实现规模化和标准化。但实际上，农村电商在许多地区的发展一直不顺畅，到底遇到了什么样的发展瓶颈呢？

● 农村地区的网络覆盖率普遍低下

由于农村的网络基础设施建设投入不够，导致农村网络覆盖率不高。尤其是计算机互联网时代，宽带安装成本偏高，进一步阻碍了农民对互联网的接入速度。数据显示，2018年我国网民中农村网民规模为2.21亿。在整体网民规模增幅逐年收窄、城市化率稳步提高的背景下，农村非网民的转化难度也随之加大，未来需要有进一步的政策和市场激励，推动农村网民规模增长。

● 传统渠道的流通成本居高不下

农村电子商务，核心是"商"，商业本质并未改变。农特产品的零售价和收购价之间存在巨大差距，普遍在3～10倍。造成这种差价的重要原因：一是运输成本高；二是储藏加工保鲜成本高；三是农特产品运输损耗严重；四是流通中介的运营费用和抽取利润高。这些居高不下的成本，会严重制约农村电商的良性发展。

1.普遍落后的农村物流配送体系

在我国这个农业大国里，大部分农村地区的交通不够便利。交通的瓶颈，使许多快递公司对偏远地区鞭长莫及，很多地区的物流快递主要借助中国邮政的快递体系去完成，等待收货的迫切心情是可想而知的了。

2.传统市场的流通半径很小

农特产品具有区域性、季节性和分散性的特点，而消费者对农特产品则具有全年普遍性、多样性、变化性的需求，各种农特产品需要经常在不同区域进行运输流通，才能满足各地消费者的需求。南方的水果往北运，农村的特产往城里运，西部的特产往东运，全靠健全的交通运输系统运转。然而，高流通成本严重限制了农特产品的市场流通半径，造成农特产品在产地市场供过于求，贱价销售，而在销地市场却频现供不应求，价格飙升的市场分割局面。

3.市场供求信息的流通效率低下

农特产品流通领域呈现出中介主体过多，产销流通链条过长的问题。每个流通环节都要花费一定的交易时间，产生交易成本，抽取部分利润，从而导致流通时间长、市场效率低、农特产品价格节节攀升。另外，流通环节的冗长性、多重性和分散性容易造成生产者和消费者被隔离，产生"牛鞭效应"，市场信息在传递过程中失真或被扭曲。生产者在缺乏及时、准确的供求信息的情况下盲目组织生产，面临较大的风险。

4.运行机制不健全、信息不对称

一是市场交易方式比较原始。农特产品批发市场仍采用"一对一"的面对面交易方式为主，交易的规模小、次数较多，信息搜寻难度增大，市场透明度不高，形成的价格不能正确地反映市场供求关系。

二是市场形成的价格稳定性差。充分竞争的市场环境是有效价格形成的必要条件。农特产批发市场大多数规模较小，地域分散，产品和信息隔离难以形成交易集中、市场透明度高、竞争充分的市场环境，导致农特产品价格波动较大，区域价格差异明显。

三是市场信息服务失衡。许多批发市场的信息建设基本处于空白，信息的传递效率和共享度低，对信息的搜集、加工、处理、发布能力低下，容易造成信息的扭曲和失真。

5.消费安全风险难以掌控

农民投入成本、精力生产，商人市场逐利，在利益的驱使下，或者说在市场竞争的压力下，受几千年小农思维影响的部分农民，在面对现实的压力及市场的困境时，对于消费市场的游戏规则，他们的意识是相对薄弱的。

举例来说，一家电商平台旗舰店帮农民卖滞销菠萝，1天卖了60万斤（1斤＝500克）。但紧随其后的是大量用户收到腐烂变质的菠萝，原因是农民坐地涨价、掺杂低品质菠萝，最终导致该店铺损失严重，面临破产……

这些农民的下意识的行为或许初衷并非是要伤害这个市场，可现实却是整个消费市场的秩序被扰乱，消费者的食用安全亦受到严重威胁。

● 发展农村电商的最大难点是物流瓶颈

无论是工业品下乡，还是农产品上行，都需要物流体系做支撑。一方面是城里的东西难下乡，另一方面是村里的东西难以及时进城。发展农产品电子商务最突出的意义就是解决农产品市场经营信息相对滞后、农产品流通问题相对突出的现实问题。要解决流通环节效率低、损耗大、产品保鲜问题，还是要回归到物流体系建设上来。

和城市相比，农村人口比较分散，加上农村的物流网络设施不够完善，几乎所有的快递公司都难以将触角延伸到村级用户；而且农村物流往往是单向的，返程的空载率也会加大物流成本。正是由于农村地区物流网络基础设施不完善，网购普及率相对较低，没有形成一定规模，再加上农村人口相对分散，高速运输成本居高不下，导致农村物流配送成本过高。

以2016年数据为例，一辆大货车从北京到上海，需要走1300千米的路程，需要15～16小时到达。大货车自重10吨，运30吨大米，走高速路花费约5000元，加上邮费1000元，人员工资1000元，成本在7000元左右。而7000元平均到每公斤，也就是0.23元。每公斤1.8元的大米中间有0.23元是通行费，如果再送到农村，那么成本就变得更高。

而物流成本的增加直接导致很多物流巨头不愿花费精力在农村构建物流体系。与此同时，农村电商发展滞后，还难以产生大量的订单来冲抵物流的成本，物流成为农村电商发展路上的一道坎。

● 解决农村物流瓶颈的思路

农村电商物流"最后一公里"的问题，也是电商走进农民心中的

"最后一公里"问题。跨过农村物流这道坎,其实需要的不单单是资金的投入和政策的引导,更需要有魄力、有超前眼光的农业带头人开疆破土、整合资源、雷厉风行。只有如此,农村电商才能真正走进广大老百姓的心中。

1. 转变发展思路

物流"最后一公里"成为农村电商的痛点,更是难点。搭建农村物流体系,光靠一个平台的力量远远不够,物流最终的构建将是一个资源整合的过程。农村电商是一片"蓝海",这里拥有巨大的市场潜力,就看谁有能力做大做强。

物流的构建与通畅,唯一的办法是要走规模化道路。无论是自建物流还是第三方物流,难以渗透农村广阔土地的原因,除了自然原因外,更多的是来自城市与农村的成本对比与实际利润。因此,在布局农村物流体系时,整体思路与规划尤为重要。企业要深入农村,根据一个区域的现状,转变发展思路,打通"最后一公里"的关口。

2. 不断尝试创新最佳途径

农村物流体系的构建不是一蹴而就的事情。怎样解决这个物流的痛点、打通农村"最后一公里"呢?以现状来看,解决农村物流问题的办法主要有下列几个方面。

一是降低物流成本。这需要政府职能部门出台相关政策,降低农村物流配送成本。其中针对物流配送车进行高速公路降费是突破口。同时,还可以给予物流企业相关税收方面的优惠,降低企业运营成本。

二是电商巨头共同发力。大家一起努力,让物流渗透进农村,并初步构建物流体系。阿里巴巴构建的菜鸟物流,通过借助本身的线上平台优势,以打通农村物流来扩大电商单量,促进工业品下乡;此外,顺丰等物流巨头开始在农村加快布局设点,扩大物流覆盖范围,提升物流效益。政府对此要加大扶持力度,为建设统一合理的物流体系给予政策支持。

三是自建物流体系。一些专做某个区域的农村电商平台,在乡镇两级为每个平台代理配备新能源汽车来构建乡镇配送体系。在考虑成本与农村电商单量的前提下,这种物流方式虽然简单,却很接地气,具有推广的可能性。

四是利用农村到县城的顺风车。农村到县城集散地,利用顺风车捎货的方式，以县城为中心，对接到第三方物流巨头。同时可以利用原有县城超市的配送渠道与当地高速客车等，降低物流成本。

五是依托农村电商服务站点，将服务站点打造成农民代购的物流点。农村电子商务全覆盖的目标，已在如火如荼地推进，以实现每个农村都有一个村级服务站。如果这个目标得以实现，服务站可以说是农村电商的前沿哨所。依托服务站，可以快速建立村与村之间的物流体系，并且与城镇物流体系相连接，增加覆盖范围。例如，采取"草船借箭""梯次转运"的模式降低成本。所谓"草船借箭"，就是要用好农村现有的小商业基础，如乡镇的批发门市、小超市和村里的小卖部，以此形成类似城市社区化的格局；所谓"梯次转运"，就是把电商的集中配送终端设置在乡镇，而乡镇到村再到农户手中的这一段，由村里的小卖部去完成。同时，积极开发农村农特产品，争取在工业品下乡的同时，把农特产品再运进城。

● 发展农村电商的其他现实问题

农村电商前途光明，发展迅猛，但现实中的问题与困难也不少，除了物流瓶颈亟待解决外，还存在着以下问题。

1. 人才问题

干小事需要技工，干大事需要人才。发展农村电商，是利国、利民、利千秋的大事，自然离不开人才。但是，这方面的人才却十分匮乏。政府说缺人，企业也说缺人，方方面面都说缺人。阿里研究院与淘宝商学院联合发布的《县域电子商务人才研究微报告》（2018）认为，未来两年县域网商对电商人才的需求量超过200万人，最缺的人才在运营推广、美工设计和数据分析三个方面。

另外，在已经开始从事电商创业的人才中，也面临着能力不足的问题。调查数据显示，其中20%的人认为缺少开店知识，14%的人反映不会设计网店，31%的人认为当前最大的困难是经营管理和发展问题。所以，发展电商，既要引进人才，也要培训人才。

2. 政策问题

发展农业，要靠政策、靠投入，也要靠科技。这话套用在农村电商发展上，同样适用。在发展明显滞后于城市的农村搞电商，政府的作用不可或缺，这也是各地发展农村电商的普遍经验。当前发展农村电商的政策出台了不少，但方向与重点各有偏差，还不是尽善尽美。例如，有的地方把发展方向停留在建设平台上，动不动想花大力气自建平台，花钱多，效果却不如预想的好。

实际上，大搞电商平台的时代已经是过去式了，已经出现了平台"高速路"太多的问题了，要解决的是"车辆通行量"弊端；而新建的平台则基本是步其后尘，命运不会比此前的平台好。还有许多地方发展电商注重"大象起舞"，把扶持重点放在了电商园区、企业招商上，而对草根电商创业重视不足，开网店贷点款、享受点政策很难，电商创业的"蚂蚁雄兵"难以形成。电商软环境建设跟不上，配套服务跟不上，电商经济不堪一击。

3.品牌问题

平台的市场大了，产品多了，买卖竞争就激烈了，如果没有独树一帜的特色，就只有干着"杀敌一千，自伤八百"的低价营销套路，低价营销的结果是两败俱伤。事实上，在农产品搬上网络后，很快就陷入两个泥潭：干货品类，像红枣、核桃等，与普通消费品的储藏物流特性差不多，又没有什么大的品牌，于是基本陷入低价营销误区，都干着赔钱赚吆喝的事情；生鲜品类，保鲜成本高，物流困难大，损耗率惊人，属于看上去很美、毛利率很高，实际亏损程度也大得惊人。

在这样的背景下，就要思考如何从泥淖中爬出来。不外乎两个方法，一靠品牌效应，二靠模式创新。品牌不等于名牌，却是一种再好不过的识别标识，能形成固有的品牌用户，吸引和留住客户。在品牌方面，农产品的问题尤其突出，虽然已经形成了诸如洛川苹果、阳澄湖大闸蟹等地域品牌，但基本上陷入了"公地悲剧"，假冒伪劣随之盛行。模式创新主要针对生鲜而言，虽然已创造了生鲜社区化超市这条出路，但具体路径还需要进一步探索。

4.标准与安全问题

农产品不是工业品，不要想象会有与工业品一样标准化的农产品。而且，农产品是分散的小农户生产的，更加剧了产品的不标准化程度，不同批次的同一农产品都会不一样。同时，由于标准化程度低，农产品的安全与信任就成了大问题。

市场上的"有机绿色产品"满天飞，各类认证一大堆，让人难辨真假。所以，农产品的标准化是个大课题，外观与内在品质的标准是一大体系；从田间到餐桌的全程可追溯又是一大体系，这些体系都得有。但是，这样复杂的体系与漫长的链条，一般的企业根本做不下来，农产品的标准化进程还需要一个艰难的过程。但可以预计，谁要率先破解了农产品标准化问题，谁也将在农村电商的竞争中率先胜出。

5.模式问题

一波又一波的电商热，实际上是热了电商投资。电商投资看到的，就是模式。京东的农村平台至今盈利不大，各路投资照样趋之若鹜，因为看重的是京东的模式。但农村电商的模式整体还处于模糊不清的状态。原因是农村电商涉及面太宽，几乎要达到电商生态链的再造程度，难度可想而知；而且，农村不是城市，农产品也不是工业品，现行的城市与工业品为主的电商模式，农村套用不上。不过，农村电商也不是一团糟，如城市电商到了消费升级的时候，农村电商的大门才被打开；城市电商是陌生人在交易，而农村人则有熟人圈可以依托，城市人对物流速度的要求非常严格，到了只争朝夕的地步，而农村人的生活节奏慢一些……这些因素都是重要机遇，只有认真研究，农村电商的巨大潜力和发展空间才能被开发出来。

 名词解释 ▶▶▶

公地悲剧：公地作为一项资源或财产有许多拥有者，他们中的每一个都有使用权，但没有权力阻止其他人使用，从而造成资源过度使用和枯竭。例如，过度砍伐的森林、过度捕捞的渔业资源及污染严重的河流和空气，都是"公地悲剧"的典型例子。之所以叫悲剧，是因为每个当事人都知道资源将由于过度使用而枯竭，但每个人对阻止事态的继续恶化都感到无能为力。而且都抱着"及时捞一把"的心态加剧事态的恶化。公共物品因产权难以界定而被竞争性地过度使用或侵占是必然的结果。

生鲜社区超市：顾名思义，就是以所在社区居民为主要服务对象的超市形态，在商业业态上介于大型综合超市和中小便利店之间。

与中小便利店相比，社区生鲜超市的营业面积较大，商品品种和类型较多，消费对象较广泛，营业方式采取自选商品模式，其功能定位于及时、少量和应急性的消费需要。与大型综合超市相比，除了都采取自选这一相同的销售方式外，在选址、目标顾客群、商品规模和种类等方面有很大区别，可以说二者之间是各取所长、互为补充的关系。

第四章

方兴未艾的县域电商

改革开放以来，地方经济的竞争，逐步由省与省之间的竞争转变为县与县之间的竞争。我国县域电商不断升温，改变了传统的经济空间布局，赋予落后地区平等的发展机会，不仅成为县域经济弯道超车的有效路径、跨越式发展的突破口，而且是加快县域经济转型升级、提质增效的必然选择，更成为县域经济工作全面推进的有效支撑，是县域经济持续增长、提高综合实力和核心竞争力的新的原动力。

第一节 县域电商的崛起

阿里研究院发布的一年一度的国内县域电子商务研究报告认为县域电商正处在快速崛起阶段。县域电商的蓬勃发展，有效地弥补了三四线城市和乡镇实体零售相对落后的不足，显著提升消费品流通效率，扩大了内需，并最终惠及广大消费者。据阿里研究院2016年研究报告测算，网络零售的交易效率是实体零售的4倍。

● 县域电商的发展现状

县域经济在中国具有举足轻重的作用，其GDP占全国约50%、人口占全国约70%。随着县域企业和消费者应用电子商务日益广泛和深入，电子商务对于县域经济和社会发展的战略价值不言而喻。县域电商的现状可概括为以下几点。

1.全面发展、综合领先

根据阿里研究院公布的"全国电商百佳县"排行榜，电商百佳县广泛分布在14个省区，主要集中在浙江、福建和江苏三省，合计占七成。其中，浙江的"电商百佳县"数量最多，其次为江苏、福建、河北、广东，其他省区入围的县数较少。全国省级行政区的县域电子商务发展可以分为六个梯队，其中浙江是第一梯队，上海、江苏、福建、北京、天津则构成第二梯队。第一、第二梯队优势明显，包揽网商指数前五名、网购指数前六名，且其县域电子商务发展指数远高于第三至第六梯队，呈现出网商和网购"全面发展、综合领先"的特征。

2.进入"多方协同发展"新阶段

从我国县域电商发展的历程来看，2003—2005年为起步期，2006—

2009年为小规模增长期，2010—2013年为规模化扩散期。而从2014年开始，中国县域电子商务进入"多方协同发展"新阶段。政府、企业、电商服务商以及电商发展相关的高校、协会、媒体等，多方合力，推动县域电子商务快速发展。以下仅以阿里巴巴提供的数据为例，总结县域电商所呈现的特点。

一是亿元淘宝县超过350个。2018年，在阿里巴巴零售平台上，网店销售额超过1亿元的县域超过350个，其中位于中西部的超过三分之一，如湖南浏阳、四川彭州、陕西丹凤、云南景洪、河南新郑、广西容县、安徽舒城等。

二是移动购物成为首选。2016年，在阿里巴巴零售平台上，县域消费者移动购物比例超过60%，首次超过电脑购物。2018年，这个比例又增加到90%以上，移动购物比例最高的100个县，绝大多数在西部。

三是县域电商服务业持续发展。最近几年，县域电子商务蓬勃发展，显著带动物流、网络营销、IT、运营、培训、视觉设计等电子商务服务业快速、持续发展。

四是服务类消费成为新增点。在阿里巴巴零售平台上，县域网购服务类消费增速是实物类消费的1.5倍，其中增长最快的三种服务类消费分别是餐饮服务、通信服务和旅游服务。

五是农产品电商增长势头猛。2018年我国农村网络零售额超过1.37万亿元，同比增长30.4%，其中农产品网络零售额达到2305亿元，同比增长33.8%。

六是电商脱贫呈燎原之势。阿里研究院的数据显示，2018年，国家级贫困县在阿里平台网络销售额超630亿元。超过100个贫困县网络销售额达到或超过1亿元。罗霄山区、大别山区、秦巴山区、武陵山区、燕山-太行山区等连片特困地区的网络零售额排名靠前（见图4-1）。

排序	省	县区	连片特困区
1	河南省	镇平县	秦巴山区
2	江西省	赣州市南康区	罗霄山区
3	河北省	望都县	燕山-太行山区
4	湖北省	恩施市	武陵山区
5	河北省	曲阳县	燕山-太行山区
6	河南省	光山县	大别山区
7	河北省	涞水县	燕山-太行山区
8	江西省	莲花县	罗霄山区
9	江西省	上犹县	罗霄山区
10	湖北省	麻城市	大别山区

图4-1　2018年集中连片特困区电商创业最活跃的十个县（市、区）

● 县域电商崛起的原因

我国县域电商的奋起直追只是近几年的事情。在应对发展新常态的过程中，县域电商作为一种新的发展路径逐渐进入各地发展的视野，到2015年终于呈现全面爆发之势。县域电商迅速崛起的原因，主要有以下两个方面。

1.县域传统经济发展面临转型的压力

最近几年，县域经济的发展，基于种种原因，出现了不利因素，陷入了发展的瓶颈。例如，经济下行的压力增大、财政支出的压力增大、产业转移承接出现困难、招商引资的土地和环境约束越来越严、经济转型升级面临基础设施和金融环境以及人才支撑等的现实制约，工业化、城镇化、农业产业化、信息化难以同步。在此情况下，县域经济的发展确实需要注入新元素、新动力，而电商经济却在2008年世界金融危机之后逆市而涨，发展十分迅猛，并加快向县域渗透，恰好为县域经济发展的转型提供了新动力。

2.国内电商的成功实践

最先开展电子商务的县域，经过摸索实践带来了成功经验，展示了县域电商的巨大潜力，为后来者树立了标杆。电子商务给县域经济带来了五大方面的积极影响：一是让农村居民享受到了信息化的红利，尝到了实惠；二是推动了农村消费新热点，让开发农村消费市场的电商企业有利可图；三是提供了创业新载体，让外出打工的农村青年和知识青年有机会返乡创业；四是开辟了农民增收的新渠道，以电商促进农产品销售，扩大销量、提高价格，增加了农民的收入；五是促进农村经济的转型升级，以电商为切入点，为推动经济发展提供了动力源。

正是在这样的背景下，县域电商以点带面迅速扩大、全面开花，一时成为县域经济发展的新亮点，引起了政府的注意。但是，县域电商的发展是在没有成熟理论指导的情况下推进的，"摸着石头过河"成为一种普遍状态，但再蹩脚的实践也比生硬的理论强，通过不断探求，最终会摸出一些切实可行的套路来。

● 发展县域电商应具备的新思路

站在"互联网+"这艘快艇上，谁都希望自己所在的区域能够劈波斩浪一路向前。尤其是偏远落后地区，资源丰富但一直没有转化为生产力的地区，当地政府积极发展电商帮助农产品找婆家，那是理所当然的。但如何"引爆"县域电商，则需要一定的发展思路和理念。

1.积极谋划

互联网技术日新月异，让人应接不暇，电子商务模式也是不断发展。如何借鉴适合自己的电商模式，县域主管部门和领导须"谋定而动"。决定引进电商，就要通过仔细规划论证，发布县域"互联网+"的行动纲领和指南，然后按照既定目标循序渐进、稳扎稳打。要聚合大家的智慧，形成合力，最大限度地减少外界干扰。

2.人员培训

既然做好电商，人才是关键，那就要探索培养或引进人才的机制。对于县级政府来说，要把干部轮训、网商培育以及地方骨干企业的内训作为三大板块抓好。许多县域副科以上干部不具备"互联网+"的基础知识，甚至对电子商务产生浅表理解。如果不转变这些人的认识，内在基础就不具备。除了干部的培训，更重要的是对涉网企业和农户的培训，并动员成千上万的人"触"网。

3.培育品牌

对于县域电商销售来说，重点是农产品。农产品都是非标品，要变成好商品，再成为好网货，就要在品牌、包装、设计、卖点挖掘、视觉呈现等环节上，对农产品有一个跟进。如果不愿意在这方面投入，总觉得这方面花钱冤枉、不值，事实将证明这是一个短视的想法。因此，县级政府在创造地域品牌上，不能不下工夫。

4.抓好平台

眼前县域电商的三大平台，分别是传统平台电商、O2O体验店、微营销。传统平台电商就是指阿里、京东、苏宁等；O2O体验店，对县域的农产品而言，特别重要。微店，因为移动互联网时代的汹涌而至，将成为电子商务下一步发展的一个热点，提前布局，肯定会有收获。

5.夯实支撑

发展电商，依靠四大体系的支撑，它们分别是供应链管理、全程可溯源技术应用、互联网创业梦想空间建设以及新型传播机制。由于小农意识的影响，供应商大多有"短视"现象，货源质量不十分稳定，时而出现这样那样的问题，客户体验并不是很好。这些基本问题，都是影响县域电商爆发性增长的问题。2015年，国务院发布了《关于大力推进大众创业、万众创新若干政策措施的意见》，倡导"大众创业、万众创新"。对于电商而言，就是要吸引更多人投身县域电商创业，特别是吸引返乡大学生利用电商从事创新创业，地方政府有责任创造软硬环境。另外，"互联网+"时代，要有故事，要有内容，在"制造"得出来的同时，也要传播得出去，这就需要新媒体来运作。从传统媒体到新媒体，要建立强大的传播机制。

● 发展县域电商的有效对策

我国的县级行政区划约有2900个，县域人口约9.6亿；从经济总量上看，县域经济的GDP总和约占全国GDP的56%；县域经济的社会消费总额约占全国的50%。可见，县域具有巨大的发展潜力，发展县域电商大有作为。只是还处在摸索中的前进阶段。那么，发展县域电商，应该从哪些方面制定有效的对策呢？

1. 要有清晰的发展模式

电商涉及的环节多，加上各个县域差别大，县域电商到底怎么搞，不能一味套用他人的模式。要因地制宜，摸出一条适合的路子，成为自己的模式。虽然没有放之四海皆准的电商模式，但经过这几年的实践，有一些县域电商模式被证明是成功的，它们至少可以给他人提供借鉴。我们在借鉴他人经验的基础上，不要忘记结合本县实际情况，再摸索出一套适合自己的模式来。

2. 处理好三个关系

县域电商，有进有出，不可能光卖自家东西。企业、人才、资金、产品大流通，内外一齐发力，才有好的发展。起步之初，我们应该注意以下三个关系。

一是本地企业与外地企业的关系。许多地方，县域电商挑大梁的是招商引资来的外地企业，实力不是很强，人才也非常缺乏。但要注意的是，县域电商经济的发展，肯定要以一批本地企业的催生和成长为标志，这不能一蹴而就，需要循序渐进。

二是本地产品和外地产品的关系。县域发展电商，最希望农产品能通过电商销出去。各地可卖的农特产品不少，但要上网销售，还存在包装与标准问题，这也需要一个过程。有些电商园区，主打的产品依然是买进来再卖出去，产业的规模上去了，也带动了就业，但本地农产品开发推广动力不足，需要加油，因为这才是县域电商的标志。

三是本地人才与外地人才的关系。电商行业普遍缺乏人才，作为基层电商的县域更缺。起步之初，最直接的办法是引进人才，并且是大批量引进，以便迅速带动产业发展。但引进人才还应注意发挥示范作用，带动本地人才的成长，共同推进产业发展。

3. 把握好政府角色定位

政府是发展县域电商的推动者，是电商企业的幕后支持者。在那些欠发达的偏远地区，政府的作用更是不可或缺。如果县委、县政府下定决心、花大气力来抓，县域电商的发展恐怕是不可想象的。但是，市场的主体毕竟是企业，政府推动产业发展，应该把握好角色定位，划清与市场的界限，让产业可持续地良性发展。

政府要成为电商的风向标，做电商的引路人。县域经济到底抓什么，政府的决策非常重要，政府决策之后才能有产业发展的一系列措施，也才能吸引企业和人才、技术与资金的落户。县域电商要向什么方向发展，做到什么程度，政府要把明晰的战略提出来。

政府要成为电商产业的催化剂，为产业发展加速。政府出台的政策、投入的资金、建设的基础设施、营造的外围环境，最终是让企业更好地发展，实现扶上马、送一程的目的。到底出台什么政策和措施，要从产业的现状和企业的现实需求出发，做到有的放矢。

政府要成为涉电企业的定心丸，为产业发展保驾护航。企业与政府打交道，最担心政府一日三变。政府要对人们关心的问题作明确的回答。如果产业出现风险，政府要在关键时候助其一臂之力，为此应该有预案；如果企业经营出现困难，政府也要协调相关部门与金融机构来扶持，这对一个企业而言更是十分关键，对此政府要有充分的考虑。

第二节　县域电商成功案例

要想适应新常态就要有新思路、新办法，围绕"县域经济新引擎，转型升级新动力"的核心理念，全国县域政府将发展电子商务产业作为本地实现跨越发展的重要战略手段，并依托自身特色或优势产业，积极引导传统产业与电商互动融合，为"大众创业、万众创新"提供新空间，搭建推进电商下乡、电商进园区和电商创业平台，产生了一批又一批可圈可点的成功县域电商范例。当然这些成功的县域电商在发展中也存在一些问题或隐患。

● 浙江义乌：小商品市场抱团谋发展

义乌小商品市场是全球最大的小商品市场，早已闻名遐迩。据说在清朝乾隆年间，义乌农民就开始了"鸡毛换糖"的经商活动。如今，义乌小商品市场已形成一套规范的管理体系，营造了公平竞争、守法经营、秩序井然的经商环境。许多人是从小商品开始了解义乌的，在中国，凡是做小商品生意的人都知道在义乌能找到品种最全、价格最便宜的小商品，可以说是小商品让义乌这个曾经默默无闻的县级市扬名海内外的。

时至今日，当价廉物美的义乌小商品搭了网络销售的快车时，也尝到了信息时代的甜头。义乌市共有各类网店10.8万家，但这些网商也面临着资金、人才、场地短缺以及网络知识更新快等问题。为了谋求更广阔的发展前景，义乌网商在困难中学会了抱团发展的技巧。这种抱团谋发展的现象，让世人眼前一亮，称之为电子商务发展的"义乌模式"，是独树一帜的"这一个"。

都说同行是冤家，义乌网商为什么要选择抱团发展，他们是怎么抱团的，抱团的效果怎么样呢？

1.传统市场面临的新问题

义乌市是全国小商品的集散中心，经营小商品的企业很多，他们都有共同的优势：商品丰富价格低、物流成本低、商人聚集。这也是义乌电子商务发展的三大优势和得天独厚的条件。巨大的商品市场，五花八门的商品，为网商提供了可观的商品库和信息流。在这个网货大仓库里，不同行业的产品都可以通过互联网进行一站式采购；在网商成败最关键的物流领域，义乌共开通了到达全国600多个城市的货运线路，快递公司达100多家，在全球海运20强中，有17家在义乌设立了办事处，货品充足，快递费用就相对便宜，只占商品费用的12%，远远低于全国17%的平均水平；在发展后劲上，义乌市场6万多家经营户、20万名市场从业者都是潜在的经营主体。

义乌小商品网商从无到有，从草创时的摸索到如今的强势，经历曲曲折折，很不容易。同时，也出现了一些亟待解决的问题。如低价竞争，就是相互拆台和损伤的行为。如果只打价格战，不注重自身内部的资源整合，迟早会走向衰败。但最大的困难，则在于人才的缺乏。出现了这些问题，只有抱团互助，才能突破。

2.抱团取暖谋求新发展

义乌有家家居日用品有限公司，是抱团发展的首创者。从2014年起，这家公司的家居专营店和小商品海洋、有友商城决定共同组成一支团队。三家网店各有各的长处，如家居有技术优势，小商品海洋有渠道优势，商城则在运营方面有突出表现。抱团之初，他们各自运营，只是资源共享，但后来发现这样行不通，于是重新做了整合，成立了联合企划部，共同运营，仓储也进行了合并。通过这种大面积的合作方式，成功地降低了运营成本，迈出了抱团发展坚实的一步，影响越来越大，名号也越叫越响。短短的两三年间，他们已有25家网店。除了上述三家外，真爱网商也是抱团网商的领头羊。它成立于2012年，共集结了百位有远见、有胆识的义乌淘宝掌柜，如北欧橱窗、鸿庆百货等知名商家。能够在短时间内集结这么多大网商，说明这种模式让大家都尝到了甜头。

一是抱团能分享和交流信息。电子商务的产业链很长，专业要求很高，每个环节深化下去都是一个体系，你要单打独斗靠自己去摸索，时间不等人。只有大家联合起来，每人研究一块，然后共同分享，时间成本就低得多。他们意识到，要做好网商，必须学会学习、交流和分享。而且，摆在网商面前的资金、人才、场地短缺等共性问题，也需要大家去共同应对。

二是抱团能共享商品库和物流服务。义乌拥有巨大的商品市场和发达的货运线路，为网商提供了极好的商品库、信息流和物流服务，但超常规发展带来了仓储、快递物流等场地供求脱节的问题，造成了电子商务企业频繁搬迁、快递公司屡现爆仓。一些电子商务企业选择了将核心业务部门搬迁到杭州、河南郑州等地，只在义乌保留仓储和物流功能。这些难题有的需要政府部门去引导、解决，更多的则需要通过网商抱团来缓解。

三是抱团能分享人才和技术服务。电子商务企业面临严峻的招人难问题，网络安全、系统开发等中高端专业技术人才尤为短缺，网站受黑客集体攻击应对乏力。如果大家共同选择专业人才，共享技术服务，还能节约成本。

四是抱团能降低各方面的成本。比如产品成本，抱团后销量大，统一采购，价格自然就低了；还有快递费，走量自然也会降低，而且各地都设置了分仓，快递价格和发货速度都不是普通商家可以比拟的。

五是抱团能减少库存风险。抱团发展后，产品线广了，风险也就小了。很多商家在参加抱团时，自带了优势的产品线，其他商家也可以分销他的产品，产品能及时分流，而不用积压任何库存。库存是网商最大的杀手，稍有不慎，就可能造成破产。

六是抱团能完善经营管理。很多中小网商的管理制度不是很完善，存在着一些问题，如自己每天的盈利有多少不知道、自己有多少库存不知道、什么东西缺货了需要补货也不清楚，等等。而加盟抱团后，可以使用网络系统帮助管理，一切让他们清清楚楚。

七是抱团能提高运营能力。加盟抱团发展的精英很多，这些老板天天在一个办公室办公、一起交流、一起分享、一起成长；也会经常组织各种培训来提高加盟店长的运营能力。抱团之后就如小孩子变成了一个巨人，各方面的实力是其他散户可望而不可即的。

八是抱团能培养更多客户。对于义乌的传统企业而言，团购网站可以把阿里巴巴和淘宝优质资源结合在一起，由此培养起来的客户，不仅可以帮助企业把握网货市场潮流，而且也可以帮助电商深耕老客户，通过反馈交流，汲取产品开发的经验，提高重复购买率。

九是抱团能做大畅销产品。在义乌网商中，许多人都是朋友，虽然常常做同一类产品，但各不打扰。他们之间是竞争关系，也是合作关系，为了减少竞争，大家都将各自所做的产品逐步错开，遇到同一产品，则会把视野放到全国去，通过合作把产品做大，等于把其他地方的生意抢过来。如果发现一个好产品，会一起加大采购量，加大到可以包销工厂的产品，这样就形成了价格优势。接着，大家都在直通车上做推广、在批发网站做广告、在各个网站上做宣传，最终这个产品很快热起来，通过这些措施，大家都能赚到钱。

3."义乌购"引领义乌电商

面对电子商务的风起云涌，义乌在几年前就喊出了"电商换市"的思路，并把电子商务定位为战略性、先导性产业，提出了打造"全国网商集聚中心、全球网货营销中心、跨境电子商务高地"的口号。

2013年4月，义乌小商品批发市场的官方网站——"义乌购"正式运行。网站的定位是：依托实体市场、服务实体市场，把7万个网上商铺与实体商铺一一对应绑定，为采购商和经营户提供可控、可信、可溯源的交易保障。至2018年网上已拥有7万个商铺、21万家供应商、170万种商品。从鸡毛换糖到网上市场，"义乌购"用4年时间成功打造线上线下融合的"义乌模式"，一个覆盖全国乃至全球的"蛛网式"专业市场电商大平台已见雏形。如今，无论你身处哪个国家和地区，只要在"义乌购"上轻轻一点，就可以浏览全球最大的义乌小商品批发市场，并且

360度全景展示商铺情况，让人身临其境逛市场。

"义乌购"更多解决的是网上联系、线下交易的撮合交易，而在线交易与撮合交易的比例基本保持在1：10。例如，义乌购在2016年10月推出"快递通"，通过聚合义乌市场物流资源优势，为义乌市场提供更为便捷、价廉的快递物流服务，为"优选购"铺路。"优选购"是"义乌购"旗下零售板块，通过推荐、推广等方式，进行产品推广，提升订单成交量，使用佣金机制结算推广费用的一种销售模式。商家通过审核后可在商铺管理中发布优选购产品，在商品发布信息上勾选相关项目即可加入"优选购"。"优选购"商铺准入条件为"义乌购"高级会员及以上商铺账号，商品准入要求为零售商品，且必须是正品，并支持7天无理由退换。

为了解决义乌电商发展中人才短缺的问题，市政府每年都举办"电商人才节"，招揽人才，培养人才。

在电子商务与传统市场的博弈中，作为本土龙头电商的"义乌购"，继续为义乌小商品市场等传统商贸形式转型升级创造新的商机，将国内电商做成国际电商，已与泰国、柬埔寨、日本、韩国、美国、加拿大、英国、意大利、南非、墨西哥、阿联酋等20余个海外地区的采购代理签署合作协议。

自从"义乌购"运行以来，电商交易额与实体交易额增长迅速。数据显示，2018年，包括义乌市内贸、外贸在内的电子商务交易额，高达2000亿元人民币，比上一年增长21.74%。

未来义乌小商品城的目标，是继续夯实"互联网+"的线上线下高度融合电商模式，把"义乌购"打造成千亿级电商平台，助推义乌市场构建一个万亿级交易规模的蛛网式大平台。

 案例解析

义乌电商模式的成功，得益于传统小商品市场早已形成，增加电子商务只是一种转型升级的形式。政府积极推进电商第三方交易平台，使电商服务商、电商基础设施供应商等各个方面形成一种产业集聚。全国乃至全球许多知名的电商、电商服务商、电商交易平台和基础设施供应商，已经在义乌形成了一定规模的产业集聚。

分析义乌模式的形成过程，有以下经验值得我们借鉴。

一是将"义乌购"建成一个统一的虚拟大市场。这个平台，又叫协同销售平台，是单个市场经营户把各自的产品推广销售信息放在一个共同的平台上，然后进行统一的批发销售。协同销售平台主要是为了增加义乌市场经营户的销售机会，降低销售成本，及时获取协同平台中的产品信息，防止部分经营户通过大幅度降价或降低产品质量等方式进行恶性竞争。有需求的顾客轻轻一点网站，通过销售平台勾选最适合自己心意的商品；同时，通过共享平台实行电子支付，可降低交易成本，提高效率，使顾客不需要出门、不需开支票，便可由网络迅速完成支付，有利于免除繁杂的支付手续，使顾客轻松地在网上购物。支付之后，每天的销售记录即时存入销售平台的数据库中，可以避免经营户之间的恶性竞争。但协同销售平台的经营模式不是唯一的，可以是B2B模式，也可是B2C模式，如淘宝商城、京东商城。从义乌小商品城的实际经营模式来看，B2C模式更适合，即市场经营户直接通过销售平台将产品批发给二级网络的分销商或代理商。

二是借助第三方平台插上销售翅膀。义乌最成熟的电商模式，是在对外电商贸易上，大额批发B2B。以阿里巴巴国际站、环球资源、中国制造网等平台为代表，义乌初期的外贸电商基本都是从这里开始的，得益于这些平台外商在国外推广渠道、在义乌本地有成熟的培训体系，这使得义乌企业切入快、上手也比较容易。小额批发B2C，这类平台以敦煌网和阿里速卖通为代表，在义乌占有一定的市场份额，并且发展趋势迅猛。

三是线上交易和线下直销同步跟进。即直接销售型B2C，这种模式在义乌还处于萌芽状态，在其他地区和行业中早已风生水起，米兰网、大龙网等是其中的佼佼者，兰亭集势甚至在美国纽约交易所挂牌上市，并同时在义乌举办了专场采购大会。义乌相关行业的企业可以主动与这些平台合作，为其供应货源拓宽销售渠道。

四是自建方便快捷的外贸平台。如果企业有行业优势，资金充足、团队稳定，可以尝试自建外贸平台。这个好处无须赘述，虽然成本高、风险大，但是规则可以自己制定。先从自己的产品和品牌出发，结合各类推广营销手段，在全球建立一个初步的销售渠道网络，再进一步引入行业其他品牌。

义乌小商品市场将市场、电子社区所组成的新的市场环境与传统零售商业结合，建立专业性的第三方小商品市场电子商务交易与服务平台，形成高度协同的价值链网络。还需要政府在加强监管和服务、培养电商人才、提高供应链整体信息化水平上继续支持，才能建立完善的电子商务系统。拥有良好的电子商务环境，才能满足日益发展的市场需要和顾客需求。

● 浙江遂昌：两大板块，全面服务于农产品产销市场

浙江省西部的遂昌县城，人口不过五万人，却聚集了几千家网店，并在这个基础上产生了围绕农产品电商的"遂昌模式"，既搭建了地方性的农产品公共服务平台，又开办了名为"赶街"的新农村电子商务服务站。他们的成功吸引了全国的眼球，成为人们追逐的"明星"。

1.农产品遇上了电子商务

在电子商务还没有引入之前，浙江省遂昌县偏安一隅，并不起眼，根本没有引起人们的注意。在这个小小的县城里，只有竹炭、造纸、冶金等工业算是支撑产业，再就是特色农产品和旅游业。在农产品方面，最让人称道的是遂昌大米，因为是高山上原生态，没有施化肥；其次是遂昌猪肉、牛肉、鸡肉等，因为都是吃谷物长大的，属于土品种；也有人说遂昌的竹笋鲜嫩，口感不错。总之，浙西南山区的遂昌县物产丰富，周边的人都听说过。

听说归听说，但要享受到这些传说中的农特产品，多数人还不敢想。不过，自从邂逅了电子商务，遂昌人的生活就发生了根本性变化，一下子从农耕时代跃进信息时代。于是，"生活要想好，赶紧上淘宝"的刷墙广告，随处可见。过去农闲时坐在麻将桌边"搓麻"的中老年人，谈论的话题是秒杀、包邮、淘金币换购。在农家菜馆吃饭时的顾客，不时地从上菜的厨师那里听到BAT（百度、阿里巴巴、腾讯的英文首字母缩写）展开竞争的新闻。还有一些热心农村创业的人，自发来到遂昌，主动加入当地农村电商……

紧接着，社科院、阿里研究中心、省领导不时到遂昌来考察调研。

于是，遂昌火了，荣誉来了，传统的农业县改变了以往的形象，成为农产品电商的先进县。

一时间，五万人口的县城，迅速聚集了几千家网店。2013年新年刚过，淘宝网全国首个县级馆"特色中国·遂昌馆"开馆，同年10月，阿里研究中心和社科院发布了"遂昌模式"，肯定了遂昌的电子商务产业，认为这是中国首个以服务平台为引擎的农产品电子商务模式。

遂昌模式的内涵，包括两大板块：一是以"协会＋公司"的"地方性农产品公共服务平台"，以"农产品电子商务服务商"的定位探索解决农村（农户、合作社、农企）对接市场的问题；二是推出"赶街——新农村电子商务服务站"，以定点定人的方式，实现农村电商的代购、生活、农产品售卖，以及基层品质监督执行等功能，让信息化农村得到更深入的对接和运用。

2.第一大块：协会＋公司

在电子商务蓬勃发展之际，各地的电商协会也纷纷建立。多数电商协会是半官方、非营利机构，由政府支持，但受政府干预，不能独立自主，想做大也不可能。但遂昌电子商务协会属于为农产品服务的电商公共服务平台，是自负盈亏的民间组织。"协会＋公司"的性质，将二者合为一体，具有很大的自主性和灵活性。

遂昌县电子商务协会，成立于2010年3月，起立之初的定位就以承担平台公共服务项目为主；而浙江遂网电子商务有限公司，则成立于一年后的3月，定位是承担协会旗下增值服务项目。它们一个搞平台服务，一个搞创收，各司其职（见图4-2）。

图4-2　遂昌网店协会网货供应平台

电商协会虽然成立了，但发展前景一开始还十分模糊，只能摸着石头过河。协会成立时，考虑到培训能帮助就业创业，又能把当地农产品卖出去，第一年就帮助把遂昌的网店开到七八百个，加上之前的，共千余个。但是，到了年底盘点，却让人大失所望：做得好的网店非常少，盈利的不到2%。检讨原因，就是没有让专业的人做专业的事，胡子眉毛一把抓，哪个也没有抓牢。只好分工：由电商服务平台负责规划、推广、营销农产品，让农民回归本行，种植、养殖，让开网店的人回归店铺运营。网商自己只需要担任客服，其他都可以交给协会解决。平台需要整合和分配资源，比如需要一个设计师，可由平台共同聘用一个设计师服务，这样可以节省成本。

截至2018年，协会产生了40种盈利模式。免费项目只是网上培训、一对多的公共服务，如协会共免费培训了2000多个网商会员，钱由协会出或者协会和政府共同出资；收费项目由公司运营，包括一对一增值服务，供应商谈好返利，集中采购、发货、品控、仓储等（已拥有200多家网货供应商，10多家包括物流、快递、银行等在内的第三方服务商），还有协助供应商产品开发、网上活动的组织与举办、公共数据包的组建等。

就这样，电商协会的职责就明确了，只提供中间服务，帮网商开销路，自己不开店。将与供应商的沟通、采购、配送，网商的培训和咨询服务，专门对接平台资源、政府关系、第三方服务商等"一网打尽"。

经过边探索边实践，遂昌电商终于有了一定的发展眉目。就在这时，一系列连锁反应也产生了：

一是媒体关注。《人民日报》《中国青年报》《新周刊》等国内媒体，以及国外媒体纷纷予以报道，产生了轰动效应，吸引了世人的目光。人们纷至沓来，仅2013年一年来遂昌学模式的就有230多家，以后一年比一年多。为此，协会专门成立了一个接待部，专门接待这些客人。

二是政府首肯。政府也在寻找电商的突破口，需要树立这方面的典型，遂昌模式将农业、电商、就业创业等关键词融为一体，又特别适合不发达地区，赢得了政府的表彰和大力支持。

三是巨头青睐。以阿里为代表的平台，对遂昌模式非常器重。平台最头疼的事，就是谁来负责食品安全和碎片化网商整合。2012年5月，遂昌县人民政府与阿里巴巴集团淘宝网签订战略合作协议，成为中国首个网商线下安全保障机制试点县。

3. 第二大块：赶街网

赶街，就是农民赶集的意思，赶街网，就是带领农民赶一场电子商务的集市。2013年，由遂昌县电商协会主管的浙江赶街电子商务有限公司成立。它的职责是致力于在农村植入、普及、推广电子商务，旨在打造中国最大的新农村电子商务服务平台，让电子商务走进农村的千家万户。主要针对本地的生活服务、电子商务和农村创业三大板块提供便民服务，搭建工业品下乡和农村品进城的双向供需流通平台，促进农村基础设施建设，优化农村产业结构。为交通不便利、信息相对落后的农村居民在购物、售物、缴费、创业、出行、娱乐资讯获取方面提供一站式办理。

别看赶街网诞生在县级层面，但从技术上看，这个平台可以实现跟淘宝网、京东商城、当当网、苏宁易购等主流电商平台的无缝对接和相关合作。从功能上看，可以实现"工业品下乡"和"农产品进城"的双向流通功能；从运营上看，平台为供应方提供产品推广和品牌宣传、订购、供应链、支付等交易服务，为买方提供网络购物咨询、产品采购优选、供应链配送服务、售后等优质服务。

"赶街网"同样引起了政府和社会各界的密切关注，并得到了当地政府的重点扶持。省市领导多次来到遂昌总部和试点进行参观、考察和指导，新华社和当地媒体也进行了多次报道。2014年7月21日，马云专程来到"赶街"考察，表示"赶街了不起，让我很感动"，因为"赶街"也同初创的阿里巴巴一样，聚集了一群有理想、有追求、有抱负的80后、90后，在电商时代来临的大趋势下，在国家利农惠农政策下和新农村建设的大潮中，实现自己的创业和发展梦想。

公司在搭建"赶街"线上农村购物和售物平台的同时，还通过在每个村庄建立农村电子商务服务站线下网络，突破农村宽带网络基础设施、电子商务操作和物流配送等农村电商发展瓶颈，从而实现"消费品下乡"和"农产品进城"双向流通功能，为农民提供在村购物、售物、缴费等一站式解决方案，让农民享受电子商务带来的红利。2014年，"赶街"在遂昌县试点成功后，开始向浙江全省乃至全国范围推广。

不断完善并建立健全的农村电子商务服务体系，使"赶街"成为加深农村基础便民服务、提高农村活力、引导农村消费、搞活农村供需流通，促进农民增收和创业就业的重要推手。到2018年共完成赶街综合服务网络平台、区域运营中心、物流中转中心、青年创业中心以及200多个村级赶街网点建设，涉及全县20个乡镇，夯实遂昌样板市场，完成标准化、可复制性的探索，启动周边县市实施建设完成1000个村赶街网点，并向浙江省其他县市实施完成建设5000个，逐步向全国其他省市扩展。

 案例解析 --

遂昌模式的成长一共经历了四个阶段：自然阶段、自发阶段、自觉阶段、自主阶段。遂昌模式复制了工业上的"流程化"模式，建立起了集农林产品的生产、包装、销售、运输于一身的社会化大协作，他们自己把货源整合、商品数据、仓储、发货及售后这些比较琐碎复杂的工作承担起来，让上游的生产端和下游的销售端专注于自己最擅长的工作，不用操心全程产业链的事，提升了当地电商的整体运行效率和竞争力。这种模式无疑具有分工明确、运转高效的优势，特别适合推动县域以下小电商的批量发展。

遂昌模式为我们提供了许多成功的经验：一是做农产品电商≠农民开店。一村一店的想法是不现实的，那是不了解农村的人才提出来的。农民擅长的是种植和养殖，所以不鼓励农民自己开店，而是让有专业特长的人做这方面的事，种植者和开网店者各司其职，分工协作。二是物流难题≠自己去建物流。例如，生鲜运输靠的是泡沫箱，这只是权宜之计。怎样打破这个僵局？遂昌的做法是与专注于冷冻产业、发展物流配送产业的祐康公司和社区店合作，后端交给他们完成。三是协会≠公益组织。只有盈利，才有驱动力；只有增长，才会激发能动性。用协会的心态、公司的模式去运作，平等对话，实现多赢。

但有一个问题，"网商服务中心"是遂昌整个电商链条上的"单一故障点"，一旦这个环节出了问题，上下游都会受到很大的影响，整个链条都有可能停止运行。这就像把辛辛苦苦养鸡得到的鸡蛋都放在一个篮子里，虽然看着省事，一旦这个篮子翻了就麻烦了。如何面对，值得思考和改进。

遂昌模式成功后，许多地方希望复制。但这不是遂昌人所希望的，因为各地情况不同，有些事是在根源就出了问题，或者说整个生态就有问题，而不是补足一个或几个短板就能搭上电子商务快车的。

不过，遂昌模式不是不可复制，但是有前提的，那就是政府重视、专人跟进，这样才能实际落地。例如，2014年遂昌加大投入，建立中国最高端的农产品检验机构，这个就和政府扶持相关高级人才政策有关；当然，政府要帮助做的事情是自上而下的管控，而不是仅仅代替淘宝招商"小二"做事情。再如，"赶街"项目，计划扩大更多的网点，每个网点政府需要补贴一万元。

遂昌模式有更多不易复制的东西。比如，人才，由人才自发聚集的圈子，一开始就大力支持的政府，遂昌本地的特殊性，还有很多的机缘巧合……以及这一切累积带来的良性循环等，都是遂昌自己独有的。

● 浙江临安：线上平台＋线下基地齐头并进

临安原本是浙江省西北部的一个县级市，近年来立足自己的优势产品——坚果炒货，依靠杭州的区位优势，大力推进县域电商的发展，取得了成功。同时，临安还开展城乡村企四方联动，大力扶植农产品电商示范村，形成"两园多点"，即临安市（现为杭州市临安区）电子商务科技园、龙岗坚果炒货食品园（城）和多个农产品基地（村）。

有人总结说，临安的奇迹应该归结为线上线下齐头并进的电商模式。从一年拿下3个淘宝村、1个淘宝镇，到"新农哥"获"全球十佳网购品牌"；从荣获"中国电子商务发展百佳县"，到"省级电子商务示范县"摘得头名；从承办全省农村电商工作现场会，再到中国（杭州）跨境电子商务综合试验区临安园区授牌……临安电商的每一个荣耀绽放，都让世人瞩目、让临安人骄傲。临安制定的"主攻农村电商，强攻工业电商，巧攻旅游电商，试攻跨境电商"的目标正在变成一个个现实。

1. 线上平台是支柱

临安的电子商务发展经历了十余年，从2005年到2018年，可分为以下三个阶段。

2005年至2008年是萌芽期，基本以个体网商为主，农村能人带动，邻里相互效仿，是"以产促销"的阶段。

2009年至2012年是发展期。个体网商慢慢成长起来，向企业化转型；原来就以电子商务为主渠道的网络品牌异军突起；传统企业接受了电商模式，开始引进电商，但没有找到一条转型的好路子；临安政府受电子商务先行者的启示，于2012年启动电子商务园区孵化，成立了电子商务协会。

2013年以后，临安电子商务的发展进入扩张期，政府全面介入电子商务发展，出台了一系列的政策，制定电子商务发展规划并引进专业的服务商。

临安的电子商务，主要依托三大线上平台：一是阿里巴巴临安产业带，这是国内首个农产品在线批发产业带；二是淘宝"特色中国·临安馆"，它汇集了临安的坚果炒货特色农产品、旅游及健康养生项目、鸡血石文化三大特色资源；三是"微临安"，它的功能定位，与"临安发布"官方微信有效整合，具备"微临安"平台的权威信息发布、热点事件回应、民生信息服务等资讯功能。截至2018年，入驻临安的电商企业6万多家。网商呈现出规模化、集群化发展势头。

伴随着众多电商的入驻，交易规模也不断上升。入驻平台的商品品类，涵盖家居家装、服装、饰品、针纺织品、化妆品、玩具、工艺品、箱包、运动户外、汽车用品、五金、音响器材等众多领域；销售区域覆盖全球210多个国家和地区。

2.三大线下产业基地是根本

进入扩张期后，临安县域内各种类型的经营主体分工开始明确，形成了有机的互动。政府经过规划，着力打造了三大线下产业基地，为电商进入发展快车道打基础。

一是临安市（现为杭州市临安区）电子商务科技园。成立于2012年5月，总面积为2万平方米，通过集聚优质网商，提供专业服务，培育品牌企业，辐射带动全市电商发展，推动传统企业转型升级。入驻企业已达数十家，其中农村淘宝和赶街市级运营中心、闻远科技等电商服务商，以及谷的福等电商龙头企业入驻园区。

二是中国（杭州）跨境电子商务综合试验区临安园区。2015年8月正式开园，总面积为3.7万平方米，入驻企业有102家。产品涉及电线电缆、照明灯具、装饰材料、五金工具、纺织服饰等。入驻企业可以全面享受各项政策扶持，以打造杭州市跨境电子商务的核心节点和战略高地为目标。

三是中国坚果炒货食品城。该城以坚果电商产业发展为轴，通过"产销一体化片区、乡村文化旅游片区、坚果乐园片区"三片区的空间布局，打造"一心一轴三片区"的发展格局，进一步扩大临安作为坚果产品国内主产地优势，形成商务、商检、交易、仓储物流、酒店餐饮、民俗文化博览、生活休闲等一体化的综合之城。总建筑面积达9.6万平方米的4幢商业楼，计有商铺1080间，可满足500家以上国内外食品加工及电子商务企业入驻经营。

3.通过电商促进农产品上行

山核桃是临安的农特产品，电商引进农村后，临安的农民敲敲键盘、点点鼠标，就改变了多年来山核桃销售的传统模式。以往，山核桃都是摆在店里卖，客户都集中在江浙沪一带，在线上销售，销售额年年增，客户群已拓展到了全国各地。临安的坚果炒货电商已超过1100家。2009年，临安山核桃协会申请了地理标志认证商标，与政府一起进行了大规模的品牌打造行动，如线上的传播与线下的展销会、山核桃节庆活动等，之后就有了临安山核桃区域公用品牌。以临安山核桃这个品类为主，带动了周边其他坚果产业。通过线上平台及多种促销活动，网上市场已占据半壁江山。眼下，通过临安重点打造的三大线上平台进行网络销售及推广，临安的坚果产业呈现一派红火的景象。

尝到甜头的农民，开始全面进军电商市场，初涉电商的，纷纷扩大经营，没有"触电"的，争先恐后地加入。人们不仅在淘宝、天猫商城等平台上开起了网店，还创立了属于自己的品牌。过去，临安的山核桃、笋干等特色农产品在实体店销售，不少依靠团购和礼品销售，自中央倡导厉行节约之风后，部分实体店销售受到影响。但网店面对的是全国海量的个体客户，是真正的消费市场，销售几乎不受影响，一些村子还成为名副其实的淘宝村，扬名中外。这是大数据时代下，农民最直接的改变和受益。

临安农特产品的电商业务开展得轰轰烈烈，当然也离不开本土电商企业的品牌运作。例如，同样是临安土特产小香薯，本来不起眼，不为世人所知，但通过运作，竟然会和"临安山核桃"齐名，并在网上成为销售过亿元的爆款产品。因为在这颗小香薯的背后，有一家策划团队——杭州闻远科技有限公司。闻远科技入驻临安以来，为了打响"小香薯"品牌，尝试做了一次"天目小香薯"的淘宝聚划算预售活动：5斤37元，全国包邮。没想到结果比预期好得惊人——5天预售期，达到10万斤的销售量。当年，公司组织参加活动的农户在临安种植的天目小香薯有600多亩，一年的生产总量大约在50万斤，一场预售活动基本上消化掉了这些农户五分之一的产量。此后，临安小香薯一年的销售额在逐年攀升。

随着农村电商的快速发展和取得的骄人业绩，一大批农村青年、妇女甚至中老年闲散劳动力纷纷聚焦电商，投入电商行列，其中回村创业青年就达6000余人，电商成为临安群众重要的创业途径。

4.跨境网商呈火爆之势

2015年8月，跨境电子商务综合试验区临安园区挂牌运营以来，到临安园区入驻的企业纷至沓来，持续"升温"，除了第一批入驻的30余家企业，当年新签约20余家跨境电商企业，呈现出竞相发展跨境电商的态势（见图4-3）。

图4-3 跨境电商临安园区

在临安，块状经济特色产业明显，长期以来形成了以电线、绿色照明、装饰材料、五金工具为特色的块状产业。新入驻的企业中，除了宠物相关用品行业，绿色照明类企业就有8家。在这些入驻园区的跨境电商企业中，不少是大学生回乡创业者。

能够在短期内吸引大批企业入驻，得益于临安跨境电子商务园坚持"管家式服务"，优化配套。园区以临安商务局为主管单位，在园区设"一办三部"，常驻工作人员负责日常工作。成立跨境电商协会、外贸电商协会，助推跨境园区建设。同时，园区在做全硬件配套的基础上，还集聚一大批跨境电商服务机构，为入驻企业提供有力支撑。其中，入驻的中国邮政提供仓储、物流、速递、邮政小包等线下服务；阿里巴巴、中国制造网、环球资源、环球市场等提供第三方平台服务；深圳321电商学院提供人力资源、猎聘、人员培训等服务；云智库提供电商运营、产品图片设计等电商服务；中信保、中国银行等机构提供金融保险服务。另外，代理开展企业注册、人才招聘和退税等方面的服务。

临安共有240余家外贸企业在阿里巴巴、亚马逊、中国制造网等国际网站注册并投入使用，占全市外贸企业的五成以上。其中，90%左右的企业采用B2B交易模式，以线上平台获取信息、线下谈判交易的模式为主，线上线下联动活跃，有的企业还建立了国际网站。

 案例解析

从临安电子商务的成功实践中，我们可以得到以下启示。

一是多方驱动、紧密配合。市政府的支持、服务环境的营造、市场的拉动和管理的到位，是驱动临安电子商务发展的"四轮"。四个方面齐头并进，将核心产业紧密连接在一起，以强大的网络消费者市场为牵引，形成无缝紧密配合，有效推动县域电商生态圈的发展。

二是多举并进、全面发展。打造淘宝"特色中国·临安馆"，集中进行形象展示，同时开发临安微信平台，集旅游、传媒、娱乐、生活、服务于一身。这条经验启示我们，发展电商，要坚持"多条腿走路"，农产品企业要从传统销售型转变为电商销售型，农民不仅要会生产农产品，也要会开网店销售。网上零售固然重要，网上批发也很重要。此外，夯实电商发展基础，是推动电商发展的必要条件。

三是包装品牌、带动消费。互联网，尤其是移动网络使线上线下的消费者流动起来。任何产品、品牌都将围绕人来传播以获得新的商机。所以，第一阶段就是要建立好属于自己的农产品标准，以后平台将开放入驻，只要你的农产品符合标准就能成为平台的商户。临安的山核桃品牌就是在这个理念的基础上培育起来的。不过，如果只注重单一的产品，季节性就成了问题，如何在春夏秋冬每季都有农产品销售，就值得思考和探讨。

另外，整个互联网销售，会面临同质化竞争以及价格竞争的问题。临安的电商企业也没例外。如何整合资源，共同打造品牌，加强竞争力，提升议价空间，应该是临安电商企业下一个值得关注的问题。

● 浙江丽水：“政企合作，落地深耕”

浙江省南部的丽水市，位于山区。那里山高沟深，河溪密布，自然环境优美。但是，工业不发达，经济发展水平一直处于省内下游。然而，近年来，落后的丽水市大力发展第三产业，经济发展水平迅速攀升。究其原因，作为现代服务业的电子商务为此立下了汗马功劳。

截至2018年，丽水市共建成8个省级电子商务创业创新基地（园区）、12个电商公共服务中心、17个电商园区（楼宇）、11个淘宝特色馆和3个阿里巴巴产业带。培育了25个淘宝村，活跃网店达1.5万余家。在阿里研究院发布的中国大众电商创业年度排行榜中，丽水一直位列中上游，让人瞩目。

1. 全力打造区域电商服务中心

有道是，“栽了梧桐树，凤凰才会来”。发展电商，没有人才运营，没有企业经营，人家凭什么来？就看你这里值不值得来了。从某种层面来讲，给电商打造发展电商的条件，就是栽梧桐的过程。丽水的“梧桐工程”，就是打造区域电商服务中心，帮助电商企业做好配套服务，让电商企业顺利孵化、成长、壮大。这是丽水电商的一大特点。

2012年，丽水成立了农村电子商务建设工作领导小组，制定了一系列加快农村电商发展的制度、办法。这在全国都是领先的。接着，领导小组又决定建立丽水市农村电子商务服务中心，进一步推进丽水农村电商建设，搭建实体和网络公共服务平台，更好地为广大电商提供技术培训、业务咨询、经验交流等服务，拓宽丽水农特产品的网络销售渠道，推动形成丽水农村电子商务品牌和丽水农特产品网销品牌。

2013年，丽水市农村电子商务服务中心正式运营。这是全国第一家区域性农村电子商务服务实体，以推动农村青年就业创业、农产品电子商务、农村电子商务应用普及为目的，积极扶持农村电子商务示范户，以点带面，全面推进（见图4-4）。

图4-4 丽水市农村电子商务示范户

服务中心的主管单位是丽水农村电子商务建设领导小组办公室，承担运营单位是浙江讯唯电子商务有限公司，运营方式是政府主管、企业运营、公益为主、市场为辅，共同打造"政企合作，落地深耕"的区域性电商公共服务模式。

"政企合作"：丽水市农村电子商务服务中心设置平台运营中心、营销中心、电商培训中心、网货研发中心等部门，有针对性地开展区域电商需求的相关推进实施工作。通过投入财政专项资金解决服务中心办公场地、装修及办公设备，并给予一定的公共服务运营经费保障，在完成公共服务需求的基础上，由运营企业——浙江讯唯电子商务有限公司开展增值性市场服务业务。

"落地深耕"：对接政府政策，通过淘宝大学、淘宝特色馆、孵化实训、网络节庆等项目，形成服务中心承载实施的区域电商公共服务体系。例如，在培训方面，讯唯电子商务有限公司共培训学员1万人次，参与"充电"的既有各地领导干部、企业负责人、农村电商带头人，也有青年网商、新晋创业者等。"落地深耕"的做法，主要是解决一些区域政府"有力使不出"的难题：政府有想法，但想法上是否迎合了市场发展的需求，做法上是否符合市场规律都是一个问题；即便迎合了市场需求，但政策的准确落地也是一个未知数。"落地深耕"模式则有效地统一了政策制定者与市场参与者的诉求，以第三方参与的角色协调了政策、市场和服务的一致性。

这种"政企合作，落地深耕"的运营模式在全国来说也是开先河的。

2.构建四大运营体系

丽水市农村电子商务服务中心落成运营以来，实施了四大功能：主体（政府部门、企业、个人）培育、孵化支撑、公共平台、营销推广，承担了"政府、网商、供应商、平台"等参与各方的资源及需求转化。

一是打造电商主体培育体系。电商服务中心通过和淘宝大学等专业教学机构合作，在2013年开展了创业基础班、电商精英班、政企宣讲班等各类课程，培训了3000多名人员，形成了一套专业培训体系。同时，与政府部门联合开展了"丽水百家生态精品农产品上淘宝""网络经纪人""电商来料加工""农村两创淘宝示范班"等主题课程教学。2014年，电商服务中心又与淘宝大学、淘宝网生态农业部合作，定制开发了全国首套农产品电商化课程体系。

二是构建电子商务孵化支撑体系。开店容易，做店难。这句话，对电商企业同样适用。为了支持电商从业人员和企业，电商服务中心通过四个方面构建孵化支撑体系，提升电商创业的成功率。这四个方面分别是：通过"丽水青年电商网"、QQ群、公共微信号、主题沙龙等形式，促进网创人员线上线下交流互助；设置专职的"创业导师"，为网店创业者提供即时动态的技术指导和咨询答疑；针对美工摄影等技术要求，开展免费或低成本的技术服务；向初级网店创业者对接本地网货分销商或站点，实现"零库存、低成本、无风险"的分销服务。

三是营建电子商务公共平台体系。就是开发运营区域性电子商务公共推广平台，打造互联网城市名片及营销载体。第一个平台是线上公共服务平台。2013年12月和淘宝网合作上线浙江省首个地市级特色馆——"特色中国·丽水馆"，入馆网店近300家，涉及丽水产品品类近3000种，首月销售500多万元。"特色中国·丽水馆"为丽水的农业特色产业、网商、旅游、农家乐等网络营销推广提供重要的平台支撑，发挥了重要作用。第二个平台是线下服务公共平台，2013年12月，与淘宝网合作实施全国首个乡村农业电商试点项目——"一村一店美丽乡村触网"活动，对丽水的缙云土面、仁庄大米等19家农民合作社或家庭农场的源头产品上线做了集体帮扶与推广，促进了农业电商普及应用工作。

四是实施电子商务营销推广体系。就是针对区域特色产业，展开电商平台营销推广，让更多的地标类商品扩展品牌、延展销售。例如，在2013年"丽水市青年网上创业周"期间，策划实施了"生态丽水特卖会"活动，不到三天专题页面访问量达50多万人次，销售额超过60万元。再如，通过新浪微博实施的"分享丽水宝贝赢大奖活动"，一周时间微博粉丝量从2万增加到72万。此外，2014年举办的传统品牌节庆活动，陆续推出"景宁三月三""丽水香茶节"等数字化传统农事活动专题，为"电商换市"尝试探索新载体。

以上四个功能，承担了"政府、网商、供应商、平台"各方面的资源及需求转化，解决了区域电子商务发展期的三个问题：一是人的问题，架构出一支专业专注的区域电商"雇佣军"；二是事的问题，梳理实施了系列推进区域电商发展的项目、活动，落到实处；三是场的问题，有实体场地为区域电商各参与方进行服务工作。

3.推动丽水电商走出去

丽水电商的持续健康发展，使自己始终处于全国领先地位。但丽水并没有就此停止新的思考，而是把目光投向更广阔的市场空间。为此，丽水按照"政府推动、企业主动、市场操作、合作共赢"的发展模式，助推龙头电商企业通过政企合作、企企合作、合作注资、创新服务等路径走出浙江、走向全国。在短时间内，丽水电商服务从最初以浙江毗邻的福建、江西等地为主，逐步发展到西至西藏、北至黑龙江、南至海南等全国23个省（市、自治区）、50多个县。以下是他们的具体做法：

一是为"走出去"搭建平台。为进一步拓展电商企业的业务渠道，丽水市先后承办召开了全省、全国农村电子商务现场会。例如，首届全国农村电子商务主题会议、首届中国青年电商群英会暨电商扶贫活动周启动仪式、首届中国（浙江）农村电子商务讲师大赛等活动的举办，吸引了来自国内31个省市、自治区的近2000多名电商专家学者、网商专程前来参观考察。不仅如此，还先后接待了5000多批次前来考察学习的电子商务调研团队，为电商企业"走出去"不断搭建对接平台。浙江山山网络科技公司"走出去"后，2017年服务创收达到1000万元。这家公司正准备将电商服务拓展到江苏、新疆等4个省、自治区。而作为农村电商服务中心的运营企业——讯唯公司已将电商服务输出到山东、黑龙江、重庆等15个省、市、自治区的30多个县，外埠业务体量已占公司整体业务总量的50%以上。

二是出台政策支持。丽水市在电商产业上一直不遗余力地扶持，丽水市和各级政府均出台了促进电子商务发展的专项政策，以专项资金支持。下一步，继续完善公共服务、搭建平台、扶优扶强，鼓励电商企业对外承接服务输出，让丽水这个关键词拓展到国内电子商务市场的各个角落。

为了将丽水电商的经验推广至全国，丽水市还编制印发了《丽水市农村电子商务创新发展示范区实施方案》，明确了示范区建设的指导思想、战略定位和目标，探索建立完善的电子商务体制机制、公共服务平台和农产品电商化生态圈，让信息流、物流、商品流和资金流在农村更有效地进行互动，进而把丽水建设成"能示范、可复制"的全国农村电子商务示范区。

 案例解析

丽水市农村电子商务服务中心，实行"政企合作，落地深耕"的运营模式，构建了以"主体培育、孵化支撑、平台建设、营销推广"四大体系为支撑的区域性电子商务公共服务系统，成为可复制参考的电商模式。模式的优势体现在以下几个方面。

一是电商服务中心的整合作用明显。各级政府、相关部门对促进提升区域性电子商务发展非常重视，但对于电商平台、网商、供应商各个主体需求信息存在不对称性，而电商服务中心在推动资源的投放及项目推进方面起到了良好整合作用，容易达到"政府引导有效、网商需求互动、平台理解配合"的综合成效。

二是电商服务中心始终坚持市场调节的运营机制。丽水市通过政府主管、企业运营的电商服务中心运营模式，在保障服务中心公共运营属性的同时，坚持主体的市场性，在保障公共服务的前提下，增强服务机构的市场活力，为服务中心最终实现市场化运营提供体制保障。

三是服务中心以专业服务推进电商发展。自丽水电商服务中心成立以来，保持创新性、专业性，陆续配合市政府及主管部门参与完成"阿里巴巴休闲产业带"项目、"特色中国·丽水馆"项目、"丽水生态精品农产网"平台、"一村一店美丽乡村触网"活动的乡村农业电子商务运营项目等方案的策划及运营实施，助力提升区域电子商务公共服务专业性，功不可没。

丽水电商服务中心的良好运作，成就了电商发展日新月异的态势，对其他地区具有普遍的示范意义，证明了经济欠发达地区也可以通过电子商务新模式，实现弯道超车。在传统工业经济时代，决定一个地区竞争优势的因素，是交通条件、资本多少、人才多寡等；而在信息时代，上述传统要素不再那么重要了，只有人才和信息才是决定地区竞争力的根本要素，这就给那些落后地区提供了重新赶超先进的机会。

丽水的成就，证明了"只要青山在，不愁没柴烧"的道理。和丽水一样，我国有许多地处偏远的地区，尤其是革命老区，工业发展水平落后，人民相当贫困，这是地理环境和历史原因造成的。但在信息时代，工业落后的短板未必就是劣势，也可以变成优势。原因是，工业欠发达，生态环境才得到了较好的保护，青山绿水就是资源，一旦把它们结合到互联网，就能够帮助当地群众获得可持续的、健康的收益，"互联网＋旅游""互联网＋农业"的电商模式，将会改变这些欠发达地区的经济面貌。

丽水的成功经验，证明了政府职能部门在管理上，要有所为、有所不为。电商的发展自然离不开政府的扶持，但怎样扶持、怎样定位，却是攸关电商成败的关键问题。丽水的经验告诉我们，政府在发展电商方面具有不可或缺的作用，应始终坚持做后勤保障工作，要做服务工作，不做替代市场动作的工作，对涉电领域采取因势利导、有为而治的策略，不干预不强求。

● 浙江桐庐：两个"计划"全面推进农村电商

浙江省桐庐县位于浙江西北部，地处钱塘江中游。近年来，桐庐县大力引进和发展电子商务，给传统经济插上了腾飞的翅膀，取得了辉煌的成就。已建成3个县级核心电商产业园，入驻专业电商公司50家；建成6个乡镇孵化园，培育电商企业近200家；建成8个本地电商支撑平台，县内应用企业（商家）达5万余家；建成9个电商仓储物流平台，日均发货量突破4万单；还有183个农村淘宝村级服务站投入运营，成为全国第一个实现农村淘宝村级服务站行政村全覆盖的县。桐庐县位列"中国电子商务发展百佳县"排行榜前列。

1.三个阶段全面走上电商之路

在桐庐，制笔、针织服装以及皮件箱包、医疗器械等产品，闻名遐迩。2012年，受人民币升值、国际市场萎缩和劳工市场向东南亚转移等各种因素影响，企业的市场空间、利润空间受到了空前的挤压，经营十分困难。

就在他们苦苦寻求破解之道时，电子商务这个新鲜名词闯进了大家的视野。它以"虚拟性、开放性、快速性、平等性、知识性"的特征，完全区别于传统的商业营销模式，能够帮助企业以更低廉的成本、更快捷的速度获取国内外市场信息，宣传推广自有品牌，实现与全国甚至全球消费者的无缝对接，从而迅速打开销售市场。这个特点让处于困顿中的桐庐商户眼前一亮，跃跃欲试。从此，桐庐走上了发展电子商务的道路。在引进电商之初，他们不断探求，不断前进，大致经历了三个阶段。

一是启动阶段。从2012年8月到2013年年底，桐庐政府实施了涉电启蒙计划，给干部们培训电商常识，激励大家的信心。当初，干部和企业方面没有人懂得电子商务是怎么回事，对发展电商缺少底气，而企业又是不见兔子不撒鹰，不敢贸然引入。这样的僵持结果，发展电子商务成了一句空话。为此，桐庐方面专门抽出人力，到发展电商比较成功的地方去考察，回来后开设培训班，给干部和企业讲解，回答他们关心的问题。由于政府方面的大力宣传，营造发展电商氛围的目的就达到了，不懂电商的人，开始认识电商、研究电商，并渐渐接受了电子商务这种模式，明白电子商务不仅是一个无比庞大的既有市场，也是一个无法阻挡的趋势市场，更是一个无限广阔的机会市场。大家很快达成了共识，并产生了全力投入的想法。

二是引入阶段。到了2013年8月，引入电商的时机已完全成熟。桐庐政府主要负责人多次带队与阿里巴巴对接，终于成功建立战略合作关系，达成多方面的合作意向，并共同举办了首届桐庐县电子商务发展大会和阿里巴巴"中国产业带"巡回论坛。县政府还聘请了包括阿里巴巴集团资深专家在内的6位电商领军人物，做电子商务发展顾问，谋划高起点、高标准电子商务发展大计。从此，桐庐迅速走上了发展电子商务的快车道，全县上下团结一致，都在为发展电子商务出力。

三是实施阶段。桐庐制定了自己的发展电商思路："政府主导，企业主体；立足生态，从无到有；全面谋划，系统推进"，以此来建立有桐庐特色的县域电商生态体系。政府先于企业思考一步，主动作为，在建立机制、转变理念、营造氛围、编制规划、出台政策、寻找资源、设计载体、搭建平台等方面采取一系列举措，一步一步推动电商发展。电子商务在桐庐火爆之际，桐庐政府又出台了《关于加快电子商务应用发展的若干意见》，从培养电商人才、整合平台建设、加快示范培育等八个方面，全方位、系统化推进电子商务普及应用；并积极整合了政策资源，设立专项资金，2013年兑现507万元，2014年兑现1500万元，以后年年递增。

2.制订"两个计划"，实现"两个突破"

为了给电子商务推波助澜，2014年，桐庐制订并实施"一二三四计划"。一是编制一套规划。通过规划编制，明确桐庐电商发展的方向、模式和近远期目标，同时研究确定实现目标的路径选择、时序安排、节点设计、支撑项目和实现手段等。二是推进"两大中心"建设，一个是电商公共服务中心，一个是电子商务仓储物流中心。三是加快培育汇丰大厦、海陆世贸和农产品等三大电子商务产业园区建设（见图4-5）。四是突出"四大平台"建设，分别是"阿里巴巴·桐庐产业带"、淘宝网"特色中国·桐庐馆"、"一马平川"公共文具电子商务运营平台、安厨鲜活农产品电商平台。

图4-5 桐庐电子商务产业园

2015年，桐庐又一鼓作气，拟订了"燎原计划"，以"扩面、提质"为核心，实现向下和向外的"两个突破"。向下突破，就是坚持两条主线融合并举，大力发展农村电商。一条主线是推进阿里巴巴"农村淘宝"项目，解决物流和人才瓶颈，打造电商基础；另一条主线是以农产品电商产业园为核心、以专业电商平台为龙头，运用组织化的方式解决农产品标准化等关键问题，扩展网销市场。向外突破，就是立足块状产业优势，发展跨境电商。

"燎原计划"的具体目标，在农村电商方面，淘宝项目建成村级服务点183个，实现行政村全覆盖；实行合伙人制的村站点达到50%，网上销售的村站点达50%；村点服务覆盖面达到50%，日均单量达到30件；代购员平均代购佣金收入达到5000元。"特色中国•桐庐馆"上线运行，入驻企业达30家。安厨鲜活农产品公共平台实现销售2500万元；农产品电商产业园投入使用；建成桐庐县农产品数据库；新引进或组建2～3家涉农电商运营公司（平台）。跨境电商方面，完成350家企业跨境电商培训，推动200家企业开展跨境业务，培育10家跨境电商应用示范企业。

3. 农村淘宝遍地开花

桐庐是阿里巴巴全国首个农村发展战略试点县，农村淘宝项目的第一个县级运营中心和农村淘宝第一单就产生在桐庐。

2014年10月，桐庐正式启动农村淘宝，基本运营模式就是在县城建立运营中心，在每个行政村选择一个点作为服务站，明确代购员为村民通过网上农村淘宝平台购物，由于物流不能通达部分农村，所以农民所购物品先在县运营中心集中，再由农村淘宝解决送达村点的物流问题。

阿里巴巴作为项目主体，发挥资金、平台、运营、培训、人才等方面的专业优势，主要负责县运营中心的建设、运营人员培训以及各种技术支撑等。桐庐县政府作为项目配合单位，发挥组织资源和信用优势，主要负责免费提供县运营中心的场地以及整体的组织推动工作等。

在桐庐与阿里巴巴签订试点协议后，县运营中心和4个村站点随即启动运营，前后仅半个月时间，实现了被人称誉的"桐庐互联网速度"，目前已实现全县183个行政村农村淘宝的全覆盖。

随着试点的深入推进，桐庐针对新情况、新问题，创新实行合伙人制，把"农村淘宝桐庐模式"从以选址为核心的最初版本向以选人为核心的第二版本升级。之后，又正式向"农村淘宝桐庐模式"的第三版本迈进，已建成"农村淘宝"县级服务中心1个、仓储物流中心1个、村级服务站点200个，吸引了250位农村青年返乡创业，累计为村民网上代购商品15万单，各项指标均排名全国前列。

 案例解析

　　在"网联网+"时代，任何人，不管是城里人还是农村人，都有机会分一杯羹，这个机会是平等的。但是，作为县域层面，所要做的，就是以宏观视野、长远规划和大格局胸怀来定位本区域在互联网中的节点位置，秉持"有所为、有所不为"的管理理念，通过互联网生态体系包容性的分工协作，占住"互联网+"风口，共享发展成果。电子商务先进县——桐庐的成功，至少让我们获得了三条经验：

　　一是政府主导地位不能变。政府是一个区域的首脑，管理着一方经济建设，所处地位要求它必须先于企业思考一步，主动作为，在建立机制、转变理念、编制规划、营造氛围、寻找资源、出台政策、设计载体、搭建平台等方面采取一系列举措，一步一步推动电商发展。这是它的"有所为"。

　　二是打造良性循环的生态体系是政府职责。在一个县域发展农村电商，不能光是打造几个"淘宝村"或"电子商务示范村"就了事，而要紧紧抓住制约农村发展电商的"物流"和"人才"这两个突出问题，顶层设计，找办法、找对策，着眼于整体改变农村的消费方式、生产方式和销售方式去推进农村电商发展，全力打造农村电商生态体系，营造良好的"大众创业、万众创新"氛围。在政府的努力下，"农村淘宝"项目的运营质量稳步向好，发展农村电商的"物流""人才"和"资金"三大瓶颈得到了有效突破，电商的爆发式增长也就有了保障。

　　三是线上线下一齐抓，相互促进是根本。桐庐发展电子商务的总体思路是"两条主线融合并举"，一条主线是推进农村淘宝项目建设，打通上下行物流的通道，为农村电商解决设施问题。另一条主线是以农产品电商产业园为核心，以一批专业电商平台为龙头，运用组织化的方式，整合提升农村产品资源，解决标准化问题，打造品牌，提高档位，进而提高市场知名度，为网上销售打下基础。

　　另外，还要进一步提升村民对淘宝的信任度，不信任的原因，多是源于对商品质量问题的担心。此外，村淘合伙人的素质也有待提高，在处理售后问题时还要提高专业性；村淘合伙人的工作积极性因为薪酬待遇过低会受到一些影响，进而影响这个队伍的稳定性。这些问题是发展中的问题，也必须在发展中求得解决。

● 河北清河：两线互动，两个市场互补

河北省清河县素有"中国羊绒之都"的称号，这里拥有全国80%、全球50%以上的羊绒加工能力；山羊绒产量长期占到全国的60%以上、全球的40%以上的份额，具有非常雄厚的产业基础。2008年发生全球金融危机之后，清河羊绒的出口额大幅下滑，出现了严重的困境。在这种情况下，清河县把目光投向了刚刚兴起的电子商务，及时提出了"网上网下互动，有形市场与无形市场互补"的产业发展新思路。从此，清河县的电子商务产业，依托专业的、传统的大市场，得到了快速的发展。

借助羊绒产业发展起来的清河电商模式，被中国社科院阿里巴巴研究院命名为中国发展电子商务的三种模式之一。2018年，全县网店数量超过3万家，企业电商率达98%以上，物流配送网店覆盖全县各个村镇，电子商务零售额超过50亿元。在全国电商百佳县中排名第九，河北第一。

1.奇迹从第一个吃螃蟹的人开始

2007年，农民刘国玉（化名）将自己的羊绒制品拍成照片传到网上后，当天就卖出5件，成为该村吃电商螃蟹的第一人。另一个农民楚星（化名），初中毕业后到浙江打拼，家乡的羊绒深加工产业风生水起，激发了他返乡创业的意愿，成立了一家公司，拥有70多台电脑横机，仅每年的"双十一"就能销售几万件羊毛衫。他的成功秘诀，是了解大众群体的消费心理，在产品的品质和创新上下功夫。在羊毛衫款式上，他注意明星的服饰，只要看到好看的，就根据时尚流行趋势加工设计织出来，三五天就可能到达客户手里，然后根据网络点击率决定这个款式是否扩大生产。高效的行动力，使他的产品款式总是处在被模仿的地位，也使他在不断探索中开始了根据订单生产模式转向产销合一的发展模式。

读过大学的华赫敬（化名），在创建品牌上注重追求特色，谋求更优更好的款式。当初，他在网上推出一条羊绒裤，就有人询问该产品详情。于是，他赶紧跑到街上挑选。成交后，这位客商又来了一个大订单，这让他兴奋不已，一个"要做就做最好的"的念头产生了。接着，他跑遍了全县羊绒企业，寻找最好的货源。然后，他尝试自己设计款式，向工厂定制。经历了"淘新鲜""淘便宜""淘个性""淘品牌"四个发展阶段后，他又转型做高端产品，从选料、纺织到成型，全程以高标准要求，尽力迎合客户的需求。为了培养自己品牌的粉丝群，他很早就开始了"网店+实体"的经营模式，通过线上线下互动，提升用户体验，提高销售率。

在千千万万个刘国玉、楚星、华赫敬的努力下，清河县的羊绒产业从传统市场转型到电商市场，电商产业在全省、全国的位置得到全面提升，在日趋成熟的过程中，呈现出如火如荼、活力四射的强劲发展态势。

2.抱团发展，提高核心竞争力

清河羊绒产业在经历了快速发展阶段后，从业者们开始反思单打独斗的弊端，认识到了抱团发展的重要性。起初那种让产品一上网就能赚到钱的时代已经过去了，相互打价格战更是一种损人不利己的销售方式，难以长久，只有提高产品附加值，延长产业链，才能提高核心竞争力，保持产品销量稳居高位，才能让电商发展走上良性循环的道路。

许超（化名）不过是一个普通的羊绒电商从业者，也开了自己的公司，他组织成立的"农村电子商务合作社"，一下子吸引了6家中小电商加入，7家小电商成立了一个小集团。成立合作社就是为了抱团发展，对眼前的发展瓶颈寻找自救的出路。联合之后，7家企业共同打造同一种品牌，从原材料到设计、销售，按不同公司的优势进行分工，取长补短，谁擅长哪个环节，就把相关职责交给谁，各负其责，共谋发展。这种合作发展的模式，降低了运营成本，产品质量也得到提升，再加上独特的款式，就快就显现了效益。仅以2018年"双十一"当天为例，这个团队共销售了6500多件羊毛衫。尝到合作的甜头后，这个团队继续打造更大的网络销售平台，除了做羊绒产品外，还计划把当地的特色农产品等也通过网络平台销售出去。

他们的成功赢得了其他企业的青睐，很快，又有一些企业申请加入"合作社"，合作社的成员迅速达到20多家，还有不少公司正洽谈入伙。

　　从起步开始，发展壮大；从抱团开始，做大做强。这是清河羊绒产业的发展态势。羊绒制品、羊绒纱线在网上的热卖，又有力带动了清河羊绒产业深加工的发展，呈现出"产业催生网销，网销带动产业"的良好局面。随着电商数量的增加，竞争越来越激烈，不少企业通过跨境电商，实现从"卖全国"到"卖全球"的转变（见图4-6）。据统计，清河县跨境电商已发展到100多家，销售渠道以阿里巴巴国际站、亚马逊、速卖通为主，产品主要是羊绒制品，也有密封条、滤清器、合金刀片等具有当地特色的小商品。

图4-6　通过电商平台走出中国、迈向世界的中国羊绒之都——清河

3.政府的"互动""互补"思路

　　在清河羊绒产业从自发起步，开展得有声有色时，清河政府时刻关注着它的成长，并在政策扶持上及时跟进。早在2008年清河羊绒制品市场运营之初，清河县政府就提出了"网上网下互动，有形市场与无形市场互补"的发展思路，在羊绒制品市场内大力营造促进电商发展的外部环境，相继建成了电子商务孵化区、电子商务聚集区和电子商务产业园，并引进人才培训、网货供应、物流快递、研发设计、摄影美工等专业培训机构入驻市场，以保证从事电商的经营者们能够以最快的速度、最低的价格享受到最全面、最优质的服务，提高网商的市场竞争力。同时，通过电子商务的拉动作用，解决传统专业市场受地域限制所导致的销售难题，实现了传统专业市场与电子商务齐头并进、协调发展的良性

格局。这种独具特色的"专业市场+电子商务"的发展模式，还被业界称为"清河模式"。

政府不仅扶持电商拓宽羊绒制品的销售渠道，同时为商品品牌的孵化成长提供平台，制定优惠政策，相继吸引了鄂尔多斯、鹿王、珍贝、恒源祥等国内羊绒知名品牌来落户。并且，经过"贴牌"向"创牌"转型升级，使许多清河本土的羊绒品牌与大品牌的同类产品同台亮相，在竞技中发展壮大。在本土品牌中，华家那、衣尚、宏业、红太等羊绒品牌"新秀"相继崛起。据统计，清河羊绒产品商标注册数量达到1000多个，著名的品牌达20多个，有的甚至成为国内外知名的品牌，多家企业被中国纤维检验局获准使用"纯山羊绒"标志。"清河羊绒"地理证明商标已经国家商标总局审核通过。

 案例解析

清河电商模式的主要特点就是依托传统优势产业，通过线上线下共同谋划，走出了一条独特的县域电商发展道路，概括起来，就是"专业市场+电子商务"。专业市场，就是清河独有的传统羊绒制品市场。

这个经验，为那些在引入电商前就存在传统专门市场的县域来说，具有可复制性。例如，河北白沟的箱包电商、义乌的小商品电商，都在走相似的电商路线。有了强大的传统产业或专业市场做电商的支撑，只要"转型换市"，就能达到目的，而且电商供应链的效率高、商品价格低、行业竞争力也强。

政府从来就是电子商务进步的"幕后推手"。清河的经商从业者，依托羊绒等特色产业运营电子商务，开始有自发的成分，但没有政府的大力扶持，也难以为继。清河政府始终高度关注电商发展，并加大政策倾斜力度，为搭建电子商务发展平台出政策、出人力、出资金，给予强有力的支持。例如，组建电子商务协会，引进电商服务机构，成立电子商务培训服务中心，重点建设集生产、销售、物流、仓储、金融等各关联行业于一身的电子商务产业园，打造专业化、现代化、规模化电子商务示范基地等。没有这些措施，清河电商不可能做大做强。

物流的投入，是发展电商的有力支撑与保障。没有快捷高效安全的物流体系，就没有电商的持续发展。为此，清河县制定出台了《扶持物流业发展暂行办法》，成立了物流产业办公室，专门解决这方面的问题，打好了电商健康发展的基础。

有道是，萝卜快了不洗泥。在保证羊绒产品的品质上，清河县也加大了力度。由于曾经出现了不合格的品种，外界一度对清河羊绒制品质量心存质疑。为此，清河政府将羊绒产品质量监督检验中心清河工作站的设备搬迁到了羊绒制品市场，以增加服务的时效性。这个措施起了质量监督的作用，但还需要出台更多的政策加以规范。

● 山东博兴：以农村淘宝带动工业全面发展

适应信息时代大潮，山东省博兴县引进电子商务后，改变传统的发展模式，编织了以县为主体，乡、村、企协同发展，宽领域、广覆盖的信息网络；创建了特色鲜明的电子商务新模式，被全国同行奉为榜样。

博兴被认为是中国优质番茄之乡、中国草柳编之乡。引入电子商务后，促进了农村传统产业的发展，使得博兴的草柳编、粗布等老产业焕发新生机，实现了产品增值、农民增收，过去的零就业家庭、留守儿童、留守妇女、空巢老人，在博兴淘宝村里逐渐消失。农户变商户，改变了生产生活方式，促进了家门口的城镇化。据统计，全县淘宝商户突破1.2万户，直接从业人员4万人，间接带动周边从业人员12万人，促进了农村劳动力就地转移和青年人、大学生返乡创业，培育了新一代农民企业家。

同时，博兴县将工业化与信息化深度融合，借力电商促进产业转型、企业升级，县骨干企业都建立了电商平台，85%以上的中小企业应用第三方电子商务平台。工业企业电子商务的发展逐渐成为工业企业转调创的新动能，促进了产业转型、企业升级。工业电商交易额占规模以上工业主营业务收入的四分之一以上。

1.淘宝村悄然兴起成效显著

2013年的时候，全国只有20个"淘宝村"，其中就有两个在山东博兴。当年，这两个村的电商交易额超过了4亿元。后来，人们争先仿效，做起了淘宝。从此，草柳编（见图4-7）、粗土布这两个传统工艺品产业便对接了电子商务销售平台，插上互联网翅膀，实现了农民淘宝网上的第二次创业。

图4-7 博兴的草柳编工艺品

博兴县拥有兴福厨具、锦秋草柳编、城东老粗布等6个市级以上特色产业镇和102个特色产业村的雄厚的产业基础，这是他们的优势。而且，一镇一业，一村一品的特色十分鲜明。这就为博兴淘宝村的快速发展提供了厚重的土壤和基础。

示范的作用是巨大的。当年的两个淘宝村，在一年之后迅速扩张。当2014年全国共有212个"淘宝村"和19个"淘宝镇"（拥有3个及以上"淘宝村"的乡镇）时，博兴县不仅保留了以湾头村草柳编产业和顾家村手织粗布产业为代表的"淘宝村"，又增加了以锦秋街道（湾头村、安柴村、孟桥村、南陈家村和院庄村）草柳编产业为代表的"淘宝镇"。从淘宝村到淘宝镇，是博兴县农村淘宝快速发展的一个缩影。

博兴县淘宝村的兴起，除了得天独厚的产业基础外，也离不开具有高度市场意识和创业精神的草根创业者，他们是博兴电商的开拓者和带头人。

博兴县草柳编和手织粗布行业，历史悠久，远近闻名。在没有引进电子商务之前，湾头村的草柳编产品和顾家村的老粗布产品，以外贸渠道销往国外为主。但是，好景不长，随着国家外贸政策的转移和欧美市场的萎缩，多年来一直红火的草柳编和老粗布产业，遇到了前所未有的危机——国外市场很难再打开，而想打通国内市场，却一时找不到门路。让人骄傲的传统工艺品，就像嫁不出去的姑娘，畏缩在角落里，渐渐蒙上了灰尘。怎么办？怎么办？农村在思考，政府也在思考。

思想不如行动。只有行动才能打破僵局。2005年，电子商务刚在国内兴起，一些回乡的大学毕业生，利用自己掌握的新知识，开始尝试利用淘宝等电子商务平台从事网上交易草柳编和老粗布产品。没想到，这一举措获得了初步成功。从此，人们奔走相告，纷纷引进电子商务，逐步形成了以点带面、辐射带动的发展形势。

这些自发产生并成长的小网商们，用他们的成功做了无声的示范。人们不断地加入淘宝，并不断探索产销新路子。并融合加工、销售、服务等环节，进一步对接更大的电商市场，使得销售空间迅猛拓宽，实现了产品增值、农民增收，并逐步形成了5个草柳编"淘宝村"和1个手织粗布"淘宝村"以及在前者基础上聚集而成的草柳编"淘宝镇"。

2.拓展平台发展工商业

农村工艺品淘宝的成功，使其他产业的从业者也坐不住了，开始探索自己的电子商务模式。县域内的化工、新型金属材料、厨具、粮油食品加工、物流五大主导产业企业，也相继建立自己的电子商务交易平台，并形成规模，业务渗透到工业、农业、金融、商贸流通、交通运输等各个领域，与实体经济实现深度融合。全县已建成中国钢铁超市、京博控股公司石化商城、电采平台、益优网、鑫辉仓储物流网、中国厨具在线6个B2B、B2C在线交易平台；全县230多家规模以上企业，绝大部分建立了自己的门户网站，并借助阿里巴巴、中国钢铁超市等第三方电商平台进行网上营销，增强了产、供、销协同运作能力。其中的中国钢铁超市，依托县涂镀钢铁加工产业，采用一网（中国钢铁超市网）、一中心（交易中心）和三个配套（结算支付配套、增值服务配套和信息管理系统配套）业务模式，为供需双方提供多种在线交易方式，会员已达到8000家。

除了紧盯国内市场，博兴还通过电子商务平台，把业务做到境外。2015年，博兴县与阿里巴巴国际发展部开展合作，共同开发跨境电商博兴市场。阿里巴巴还专门针对博兴产业的实际，制定了跨境电商金属板材产业带。第二年，博兴又与一家网络平台合作，共同打造博兴金属板材、厨具跨境电商产业。此后，又分别与阿里巴巴等合作平台一起深入企业走访调研，宣传跨境电商业务和政策，引导更多企业开展与阿里巴巴国际站等平台合作，帮助企业借助跨境电商平台开拓国际市场。

3.政府背后的无形推手

农村淘宝的产生，从自发状态，逐步成长，并以点带面，扩展到博兴所有产业领域。发展之快，如果没有政府背后的无形推手，是难以做到的。实际上，为进一步推动博兴淘宝镇、淘宝村产业集群良性发展，博兴县政府刚一介入就将自身定位为引导者、推动者、管理者以及监督者，并在以下七大方面，大力引导本县电商产业的发展：

一是金融支持。没有资金支持，做任何事都成了空话。博兴在政策资金方面，专门制定《加快电子商务发展的实施意见》，连续3年每年安排100万元农村电商发展引导专项资金，人才、科技两个1000万元资金重点向电商倾斜。扶持重点领域、重点村镇、重点企业特别是中小企业发展电子商务。此外，县政府还搭建银企交流平台、支持淘宝商户贷款，给予金融支持。为提供有力的资金保障，全县金融机构结合本县实际，根据网上创业的不同需求，开展不同层次、类别的信贷产品，提供信贷扶持。

二是改善交通。为了物流配送方便，博兴累计投资13亿元，连续实施国省道升级改造、农村公路网化及三通工程，农村硬化公路通达到户。

三是畅通信息。在信息通信方面，博兴累计投资2.8亿元，建设4G基站610个，实现村村通宽带，4G移动信号全覆盖，让淘宝店店主随时随地进行网上交易。还通过QQ群等交流平台促进电商线上线下互相交流，解决技术问题，沟通商业信息。

四是打通物流。在物流配送方面，博兴引进邮政、申通、中通等20多家知名物流快递公司，实现物流配送全覆盖，真正打通农村物流配送"最后一公里"。

五是打造品牌。在品牌建设方面，博兴建成省级综合检验检测中心，县里统一制定网销产品标准，创建区域品牌，每年举办厨具节、编制工艺品博览会，不断提升产品档次和产业影响力；为鼓励创业创新，规划设计了草柳编电商产业园，集中会展、生产、交易、体验、创业公寓等功能。并以骨干企业为抓手，向上延伸设计与研发，向下延伸渠道和品牌，不断提升产业综合竞争力，推进培育叫得响、有实力、有特色的区域电子商务品牌。

六是建设园区。为了推动淘宝村规模化、标准化、产业化发展，博兴已兴建3个产业园区，即草柳编文化创意产业园、顾家老粗布电商产业园和兴福商用厨具电商产业园，形成稳定的三角产业集群，将传统文化产业与互联网融合，打造具有"博兴特色"的电商发展模式。

七是技术培训。博兴规划建设县创业大学，整合培训资源，采取政府购买服务的方式，开展点对点技术服务，仅2015年就举办培训班25期，培训人员3000人次，其中贫困人口450人次。同时，将农村电商工作列入科学发展综合考核体系，新增"千县万村"服务站及人才培训等考核指标。

时至今日，博兴县已初步形成了"政府引导、部门联动、企业主体、市场运作、科学管理、服务高效"的电商工作机制；构建起了符合市场经济发展规律、具有博兴地方特色的电商发展体系；编织起了以县级为主体，镇、村、企协同发展，宽领域、广覆盖的电商组织网络。

 案例解析 --------------------------------------

博兴电商，是靠淘宝起家的，是在传统工艺品产业基础上发展壮大起来的。博兴电商，自始至终也在突出这个地方特色，始终不忘记培育发展"淘宝村区"。只有博兴这一带才有的草柳编、老粗布，文化底蕴深厚并蕴含浓厚的民俗特色。聪明有远见的人，不是看不到这个优势的。所以，博兴抓住这些特色进行广泛宣传，将传统艺术与实体经营和电子商务销售平台对接，并与大学机构建立长期合作关系，创新设计研发花色种类，提升产品质量，拓展了消费者的选择空间，以此由小做大，逐步形成一批"淘宝村"。这个经验恐怕是那些没有地方特色产业的县域学不来的。但条条道路通罗马，没有优势产业的县域，也可以依据自己其他方面的优势，整合资源，推动传统的流通方式转变，促进经济结构和社会转型。

以点带面，是博兴电商的发展特点。虽然工艺品是其传统农村产业，其他方面没有这方面的优势，但他们依靠信息化带动一二三产业共同发展，把电子商务渗透到生产、流通、消费等各个领域，并以发展"淘宝村"为突破点，实行传统工业产品和农业产品与电子商务销售平台全面对接，形成了以实体店为依托、以电子商铺为主要销售渠道的新型营销格局，推动经济转型升级。

县政府的大力引导和政策扶持，是电子商务从萌芽到长大的必备。加强引导支持，打造特色区域品牌是博兴政府的做法，起到了推动作用。出台《关于加快农村电子商务发展实施意见》、重点推广电子商务应用、培育和壮大农村电子商务经营主体；成立农村电子商务服务中心，积极开展"淘宝村"培训班，提升培训人员电商实际操作水平，免费为网创人员提供技术服务和点对点的技术指导，向他们提供"零库存、低成本、无风险"的分销服务……这些举措证明博兴政府是有远见的，也是工作对路的，不仅让已有的电子商务如虎添翼，也让更多的人、更多的领域投入电子商务。

不过，由于"淘宝村"模式的电子商务门槛低和可复制性强，大部分网商、网户还是以家庭作坊为主，创新能力不足，缺少设计能力和知识产权保护意识，产品同质化现象严重。而且，草柳编及老粗布产业由于产品附加值低、缺乏核心竞争力等原因，同时经营者经营随意性大，品牌意识相对淡薄，抵御市场风险能力差。网商之间沟通协调差，互相抄袭、恶意竞争现象还比较突出。这些都是发展中出现的问题。

● 浙江海宁：以电商拉动产业转型升级

浙江省海宁市是中国规模最大和最具影响力的皮革专业市场，是全国重要的皮革生产基地和集散中心，皮革服装产量、皮革交易量、皮革服装外贸出口供货值三项均列全国第一，有"皮革之都"之称，具有得天独厚的传统产业优势。在加入电子商务之后，传统产业焕发新生机，进入线上线下两个市场共同进步的态势。已拥有2万多家网商，3000余家电商相关企业，天猫店数量将近1100家，实现了网络零售总额457亿元，同比增长34%，在省内仅次于义乌市；从事跨境电子商务主体近300余家，海外仓面积超10万平方米，跨境电子商务带动出口超1亿美元。

1.皮革电商领跑企业产销转型

1994年，海宁中国皮革城就建成了，是当时全国最大的皮革专业市场（见图4-8）。经过多年的打拼，海宁皮革产业的设计能力、工艺水平和国际皮革时尚潮流基本同步，在全国处于领军地位。

图4-8　海宁中国皮革城

　　但是，对于深谋远虑的海宁人来说，并没有就此止步。当来自全球的客商前来选购皮革的时候，他们的目光却盯上了产业的转型升级。必须立足海宁实际，进一步扩大市场规模，丰富市场内涵，不断提升市场规模、品位和档次。在做好"内涵"文章的同时，再谋划"走出去"，稳步实施外延式市场扩张。其中，引进刚刚兴起的电子商务，是他们扩大市场战略的重要一环。

　　为了推动实体与互联网的融合发展，从1997年起，海宁建立了国内皮革行业最早的专业网站——海宁中国皮革城；10年后，成立了专门的网络科技有限公司；2010年，又进一步打造了"海皮城"网上交易平台；2012年，海宁中国皮革城电子商务创业园（皮革城网商大厦）建成，入驻电商和服务商80多家，成为皮革电商的开拓者和受益者。以其中一家叫"思齐"的企业为例，这家海宁皮革城首批入驻的商家，2010年就专门成立了电子商务部，开始摸索线上运营，当年在天猫开设了第一家网上店铺；2012年正式入驻网商大厦后，先后在天猫商城、淘宝网开设两家店铺，还在京东商城等平台上开旗舰店。这些网上销售渠道在定位上有所区分，又相互弥补。2014年，网络销售额已经超过3000万元。

　　为进一步提升对批发业务的线上线下支撑服务能力，2年后，海宁又打造了以B2B业务为主线的皮商圈平台。通过这家平台，厂家可实现线上展示、交易，实体经销商可以实现下单批发，网络经销商可以实现一键上传第三方电子商务平台进行交易。

　　通过皮商圈平台，有效地整合了皮革产业链上下游资源，进一步优化资源配置，提升皮革产业整体效能，巩固海宁作为全国乃至全球皮革产业基地的龙头地位和领先优势。此后，皮商圈将批发中心2000多个档口整合上线，每个批发中心的经营户在皮商圈平台上都拥有一个线上的档口，动动手机就可以接单，所有交易均有皮商圈平台担保，既方便又安全。

为了承接线上零售的线下供货业务，将这些供货商吸纳进来，皮革城建立了电商配送中心，主动对接线上零售商，为其提供完备的货源，实现数据传送，全力推动商户与皮商圈等电商平台的融合。

另外，为了提升海宁皮革业的美誉度，海宁中国皮革城还开设了售后服务中心，为高档皮草提供销售、配件、售后服务、信息反馈、可持续发展服务。随着皮草销量以及社会皮草保养量的不断增加，消费者皮草保养知识不足以及专业售后服务机构缺失成为困扰。如今，海宁中国皮革城售后服务中心作为皮革产品营销环节的关键终端领域，弥补了裘皮专业化、规模化售后服务的空白，为海宁提升传统产业的软实力添上了漂亮的一笔。

电子商务的优势，激励着人们义无反顾地加入电商创业队伍，也倒逼着传统行业用"两条腿走路"，主动搭乘电商快车，实现生产、销售的转型升级。除了皮革产业，家纺、厨卫、太阳能等制造业也纷纷"触电"，在天猫、京东、苏宁电器等平台上开设自己的旗舰店铺。其中，"火星人"公司是以厨房电器研发、制造和销售为核心业务的现代化科技企业，拥有全国1000家门店，年主营收入达5亿元，"触电"后业务量快速增长，成为同行业领军企业。

此外，帘到家、任性定制、袜之源等产业电商平台项目相继涌现，这种抱团发展的形式成为推动传统产业转型升级的新探索。例如，生产袜子的"袜之源"公司，采用最前沿的互联网技术，开发了一整套软件，包含B2B类的网站平台、移动端APP、后端运营平台，上线后的注册会员用户很快就达到500多家。

2.传统经编产业同时"触电"

除了皮革，经编也是海宁的支撑产业。在电商大势中，传统企业除了"触网"转型迎接挑战，似乎已别无选择。

浙江海宁经编产业园区创建于2000年，是浙江省首批省级特色工业园区，也是国家工信部认定的全国首批"新型工业化产业示范基地"，被国家科技部列为"纺织新材料产业基地"。园区内85%以上的企业从事经编及相关产业，是全国最大的经编生产加工销售基地，入园企业超过500家。

经编产业园区已全力建成纺织原料大宗商品采购平台、经编面料网上销售平台、经编终端产品设计研发推广平台三大网络平台，全方位打造经编行业电子商务产业链。

经编产业怎样发展电子商务，经编园区的企业很早就进行尝试，并取得了很大的进展。以一家叫"米莱"的时尚创意设计公司为例，2010年把经编面料这一不为大众熟知的中间产品，开发出了500多款居服、车饰、床品、抱枕等大众喜闻乐见的终端产品，通过礼品渠道和电子商务渠道，采用线上线下互动的方式出售。此外，又相继创立了"莱之布艺""每日一米"品牌，并与电商零售巨头天猫合作，以天猫旗舰店的形式，启动了自己的"时尚设计"创意平台，为设计师和消费者搭建了沟通和交流的桥梁。

2015年，经编产业园区与中国网库合作，成立了海宁网库互通信息技术有限公司，在经编总部大楼设立中国网库海宁运营中心，这也成为经编行业首个集智能化、网络采购和销售于一身的电子商务展示中心。很快就有20个经编单品电子商务平台已经上线。接着，建设海宁电子商务培训基地，引入支付、物流、软件、认证等第三方电商服务机构，通过几年时间的努力，将基地打造成经编产业50个以上单品的B2B电子商务交易中心，最终成为国家级电子商务基地。

3.打造农产品网上销售体系

海宁农业方面的主导产业有花卉苗木、果蔬、畜牧、水产、蚕桑等，是浙江省最大的日本鳖苗种繁育基地、鲜切花生产基地、肉鸡生产基地和第二大养蚕基地。拥有丰富的农产品资源和产业集群优势，这使海宁在推进"平原农村电商"发展的道路上相对顺畅得多。

海宁发展农村电商的途径，是建设农村淘宝。海宁的淘宝村由2014年的5个迅速增到了2018年的20个。虽然农村电商的发展规模还不是很大，但农产品电商销售额的增长贡献率却不小。主要的原因是找准了农产品网络营销体系，打通了城市到农村、农村到城市的双向流通渠道。

一方面，海宁依托村级服务网点、村邮站等多渠道打通了农产品进村的通道。全市150个村级服务网点、185个村邮站已启动，其中90个村邮站可提供代购代销等服务，依托综合服务平台、配送服务中心和农村服务点来服务淘宝村。

另一方面，海宁通过各大电商平台打通了农产品进城通道。全市50%以上的农业龙头企业已经在淘宝网和阿里巴巴等平台上销售农产品，众多实体企业也陆续进驻了网上农博会，如花卉、甲鱼、农庄等方面的名优农产品企业已抱团入驻了"淘宝特色馆"。

 案例解析

海宁电子商务的成功，依托传统产业和市场，在这个基础上做大做强，并拓展到其他领域，形成轰轰烈烈的电子商务新态势，为县域经济插上腾飞的翅膀。这其中的经验和启示体现在以下几个方面。

一是以一带十，拓展电商应用范围。海宁的电子商务从传统的皮革和经编产业开始，逐步普及和深化，向其他产业和领域延伸，先是家纺产业，继而拓展到旅游、农副产品、花卉等领域。接着，又向省外、海外市场扩张。在海宁，约95%以上的外贸企业通过阿里巴巴、环球资源、网上广交会、环球市场、嘉兴电子商务应用平台等发布信息，获取订单，实现线下交易。同时，跨境电子商务也迈入新境界，部分外贸企业开始通过敦煌网、EBAY网、亚马逊、阿里巴巴速卖通等开展跨境电子商务。

二是横向扩展，让实体店引入营销新模式。不论是传统的皮革市场，还是传统的经编、家纺市场，实体店在海宁随处可见。在政府的引导下，许多实体店实现了智能化、信息化，走线上线下两条营销路子。据政府数据显示，海宁皮革城的实体商户中已开展电子商务的有2000家，差不多占一半比例。在皮革城，商户们充分利用自建网上交易平台——"海皮城"拓展业务，包括雪豹、诺之、三星在内的一大批实体骨干企业入驻电商平台。同时，这些商户又积极尝试利用微信公众平台，加快皮革产品的宣传和推广。不久的将来，一定会实现无商不网的局面。

三是推动实体工业企业转型，共同"触电"。政府鼓励实体工业企业与网结缘，创建线上名牌，推动企业向"品牌运营+网络营销+标准化生产基地"的精细化管理模式转型。许多传统企业迅速接受这种全新的运营模式，纷纷开展电子商务活动，包括皮革、袜业、服装、太阳能等传统企业，争先恐后地在专业交易网站开设自己的网店，并尝到了销售的甜头。

海宁的经验启示我们，电子商务是推动工商执业者转型升级的良好契机。在进入电商模式后，要转换经营思维，重视和引用相关人才；然后对接专业平台，整体出击，先稳固国内市场，再进军跨境市场，这一切都需依赖电子商务的良好运营。政府在推进电子商务的过程中，也积极与涉电企业合作，加强监管，保护品牌。

海宁电子商务在发展过程中，也有一些需要解决的问题：一是增长粗放，质量把控不严，主体小而散，未形成集团化、合作化的局面；二是求大求快，没有解决供大于求的问题，以至于库存积压严重，电商经济增长率下滑。

● 甘肃成县：靠山吃山，做大农特产市场

甘肃省成县的核桃栽植历史悠久，资源丰富，以其粒大、仁饱满而驰名中外，是传统的出口创汇农副产品，也是全县的农村经济支柱产业之一。2011年甘肃成县被国家林业局（现国家林业和草原局）命名为"中国核桃之乡"。但怎样把核桃卖出去，一直是当地政府和群众的心头病。

自从引入电子商务之后，成县以农产品网上销售为突破口，依托产业优势，注重市场运作，强化行政推动，突出电商发展顶层设计和微媒体助力网上销售，探索出了一条整合资源自建服务平台、借力外援合作"两条腿走路"的电子商务发展路子。在首届农村电商暨美丽乡村建设论坛上，成县荣获中国十大农村电商合作探索奖。

1. 从卖核桃到做核桃

由于成县核桃闻名中外，当地大力发展核桃产业，50万亩以上的核桃园有100多个，100万亩以上的核桃园有50个，300万亩以上的核桃园有20个，500万亩以上的核桃园有5个，农户人均栽植核桃38株，全县80%的乡镇已实现核桃全覆盖。成县核桃，早已成为地理标志保护产品。

核桃再多再好，销售出去才能变成财富。所以，成县历任县委书记、县长，都为卖核桃绞尽脑汁，卖核桃成了县主要领导任上的第一要务。2013年，时任县委书记李强（化名）同样在为此四处奔波。在他的微博记录里，有关"核桃"关键词的微博就多达802条，这还不算转发的带核桃内容的相关微博。因此，李书记被人称为"核桃书记"。在他的自媒

体里，不仅有核桃的照片和介绍核桃的文字，也有本地核桃参加某某展销会的报道，俨然是一个核桃代言人和新闻发布者。时间久了，就给人们留下了"核桃书记"的印象，知名度也迅速提升，不仅微博粉丝飞涨，各类论坛、讲座的邀请函和媒体记者也纷至沓来。不知不觉，成县核桃的影响力也因为"核桃书记"的名气而传扬天下。

"核桃书记"发动的核桃宣传攻势轰轰烈烈开展起来，其他领导和县以下政府机构，自然不甘落后。党政干部、县直各部门、乡镇村组、大学生村官、致富带头人等，全县上下全面开通微博，所宣传介绍的东西，不约而同地瞄准一个目标，就是核桃。由此，在成县上下，在广袤的山区村野，便形成了一个强大的核桃合唱团。大小媒体和社会各界，被这种气氛所感染，纷纷把目光聚焦在成县核桃身上，加入宣传成县核桃的行列。一时间，成县核桃满天飞。宣传带来了轰动效应，随之而来的是销售旺季。2013年，成县就通过微博、微信、网络等新媒体，在上海、兰州等地销售青皮鲜核桃达到120多吨。

宣传的目的，还是打开销路，把核桃产业做大做强。成县核桃名声在外之后，成县抓住了机会，继续扩大核桃影响力，吸引更多的人气。于是，成县核桃的形象展示店、营销窗口、展销厅也紧锣密鼓地开设起来，迅速铺货；一批网上销售窗口也迅速开通，淘宝店与微博链接，微营销有声有色。以淘宝为例，有关"成县核桃"的相关产品就达到292种。线上销售窗口打开了，核桃系列产品生产线也紧锣密鼓地上马，形成了青核桃、干核桃、核桃仁到核桃食品的系列化；围绕核桃开展的核桃树认领、核桃文化研讨等活动也相继举行，推动核桃营销；核桃标准化示范园也在加紧建设，产业规模不断扩大。

不过，核桃只是成县的一种土特产，也是最知名的土特产。在大力宣传推广核桃产品，开辟了核桃销售新渠道之后，成县并没有就此止步，而是一鼓作气，借助核桃的知名度和已有的平台，继续扩大电商内容，形成电商扶贫的县域经济之路。在核桃站住脚跟之后，一系列土特产又相继推出，如成县樱桃、成县土蜂蜜、成县土鸡蛋、成县金银花、成县香菇、成县土猪肉等接踵而来，全面上线。到2018年，仅带"成县"字样的淘宝店铺就达到200家，经营产品达1000多种。

2.农林电商协会全面打造新引擎

为全面推动农村电商发展，2013年7月，成县成立了农林电商协会，按照品牌、物流、网店、宣传四个方面齐头并进的思路发展电子商务，打造"六个一"工程，即围绕打造一个以核桃为主的"成县牌"农林产品电子商务品牌、制定出台一个扶持电子商务平台建设意见、建立一套电子商务扶持发展机制、成立一个电子商务协会、举办一系列电子商务知识培训、培养一支电子商务队伍；并由商务部门牵头，农林、工商、质监、招商等部门和本土电商、快递物流及销售中介机构参与配合。

农林产品电商协会下设一个客服中心和一个合作社，利用互联网为客户进行24小时同步业务服务，宣传成县及周边其他县区农特产品，与网上客户进行销售对接，并提供销售咨询服务。同时，成县还为想开网店但资金紧张的群众，确立了用于解决电商农林产品收购资金困难的"双联惠农贷款"和"妇女小额贷款"扶持机制。

成县电子商务协会正式展开工作不久，全国各地万名消费者已通过微博、网店等线上途径成功购买成县核桃、土蜂蜜、优质紫皮大蒜、猕猴桃等农产品。据阿里巴巴研究中心统计，成县发展电商网店已超过1000家。

客户下了单，电商就要及时把订购的产品送到他们手里，做到有始有终，让客户放心。这一系列环节里，物流一直是重要的一环。为确保成县农产品及时快捷地发往全国各地，成县电子商务协会多次与快递公司召开协调会议并达成共识，落实了加快物流体系建设的措施，确保成县农产品快捷地送到客户手中。

当然，最关键的是产品质量要有保证，就像在网上宣传的那样，不能夸大，也不能虚构。为了保证优质产品供应，成县电子商务协会和多家种植合作社和种植大户合作，将陇南更多的有特色、有质量保证的农副产品作为协会大力推广的产品，对其进行包装、宣传和销售，以确保成县农特产的品牌的优质性。

通过电子商务，实现网上销售，实现农户直接和消费者联系，减少中间环节，农户和消费者双方都是受益者，网上订单也会大幅上涨。电商与农户之间是订单形式，今年预付明年的订金，农户承担的风险降低，也解决了当年核桃管护的资金问题。在需求旺盛的条件下，成县电商协会主动上门，从农户手中收购青皮核桃的价格大幅度提高。

为了打造成县核桃品牌，成县电商协会还依托当地老核桃树较多的优势，以"山泉老树"为品牌，对全县百年核桃树进行定牌编号，提升核桃品质，铸就核桃品牌。

3.配套体系建设全面跟进

为了搭建更广阔的电商平台，为农特产销售做好后勤支援工作，成县政府在配套设施建设上毫不拖后腿，启动了一系列基础建设工程。

一是推进产业链基础建设。在产业链基础设施建设方面，成县投资10多亿元建成了"一馆两园一中心"重大项目。一馆，即"特色中国·陇南馆"（见图4-9）；两园，即"陇南电子商务产业孵化园""顺通电子商务物流园"；一中心，即陇南农产品（核桃）交易中心。这使电商全产业链发展的基础条件更加成熟。"特色中国·陇南馆"是全国第17家、西北首家地市级淘宝特色馆，自2014年8月上线运营以来，综合指标在全国同类地市级特色馆中排名第四。陇南电子商务产业孵化园，定位是电商产业集聚平台，占地200多亩，总投资9亿元，包括电商大厦、线下体验区等在内的工程已经建成。顺通电子商务物流园，定位是陇南区域电商物流集散平台，占地200亩，总投资5亿元。陇南农产品（核桃）交易中心，定位是陇南电子商务网货供应平台和大宗农产品交易中心，占地200亩，总投资3.6亿元。

图4-9 淘宝网特色中国·陇南馆开馆仪式现场

二是推进通信物流基础设施建设。在成县政府和相关部门的共同努力下，2018年年底，全县245个行政村实现无线宽带网络全覆盖，197个村实现有线宽带网络覆盖，农村有线宽带网络覆盖率达到80%。同时，发挥财政奖补的政策撬动效应，支持成立县内顺通物流、同城快递等本土草根物流快递公司，加快完善县、乡、村三级快递物流体系。全县共有物流快递企业50家，在全县17个乡镇建立物流配送门店、快递收揽点，投递业务范围覆盖全县196个行政村，行政村覆盖率达到80%以上，加快解决了农村电商物流"最初一公里"和"最后一公里"的难题。同时，县政府还协调主要快递企业成立成县支持电商发展物流快递联盟，降低了快递平均费用。

三是推进网货供应体系建设。成县依托县内传统农产品龙头企业、电子商务企业和县乡电商协会等市场参与主体，共发展各类网货供应平台24家，初步形成以核桃、土蜂蜜、金银花、樱桃等农特产品为主的30多个系列、100多个品种规格的网货供应体系。

四是推进人才培训。2015年3月，甘肃首家电商学院——陇南师专电商学院落户成县，依托县电商协会和陇南馆运营团队成立了陇南市电子商务培训中心。一年多时间，累计培训返乡青年、农村致富带头人、未就业大学生、大学生村官等在内的电商从业人员56期近万人次。

4. 推进电子商务扶贫

成县在发展电子商务助力精准脱贫的过程中，逐步探索出了网店带贫、平台带贫、信息带贫、就业带贫、工程带贫等电商带贫渠道。

一是网店带贫。通过引导帮助群众自己开办网店及社会网店与贫困户结对帮扶的方式开展扶贫。全县千家网店中，有350个与3000多户贫困户、13000名贫困人口建立了结对帮扶关系，贫困户直接开办网店近百个。

二是平台带贫。通过农村淘宝等第三方平台和农村市集等自建平台，帮群众代销代售"赚钱"，为群众代缴代购"省钱"，实现了工业品下行和农产品上行的双向流通、双重受益。

三是信息带贫。推进农村信息化和电子商务融合发展，在有条件的乡村创办农村信息化综合服务平台，实现电子商务富民、电子政务便民、电子农务惠民。

四是就业带贫。通过发展电子商务，驱动电子商务产业链延伸，不断创造新的就业岗位，优先吸纳贫困人口就业。

五是工程带贫。围绕解决制约农村电子商务发展的实际困难和现实需要，启动实施了水、电、路、网络等基础设施建设工程，产业提质增效工程等电商扶贫"九大工程"，加快贫困农村整体脱贫。

案例解析

　　这是一个典型的靠山吃山的例子。核桃有了，就等于产业有了，但只有加入了电子商务，隐藏在山林里的土特产才能走出大山。否则，只能委屈在山林里，成为嫁不出去的姑娘。有人说，成县发展电子商务的初衷，可以用四句话概括，前面两句是："山好水好生态好，核桃婆家不好找"，说的是过去的县情；后两句是："靠山吃山能增收，电子商务来搭桥"，说的就是2013年在网上尝试用微博卖核桃，引起了全国知名媒体、研究机构和有关部门的关注，也让大家认识到电子商务的妙处所在。从此，电子商务便在成县风风光光地落地了。

　　成县电子商务的发展，并没有复制其他县域电商，而是立足本县贫困地区的发展实际，依托政府机构的大力推动，才走上了一条以县域电商生态建设（包括推进体系、配套体系、公共服务体系三大体系建设）为主要内容，以草根创业（包括农村网店、本土电商企业、本土电商平台三种类型）为主要特征，以脱贫减贫（通过五条渠道）为主要目的，以促进"三农"发展为主要成效的发展路子，这条路子也不是其他县域能够复制的。世上本就没有现成的路，适合自己条件的并在实践中获得成功的，才是正确的路子。

● 吉林通榆：一手抓农产品，一手建电商平台

　　吉林省通榆县，地处东北松辽平原的西部，是典型的农业县，是我国著名的"杂粮杂豆之乡"，绿豆、葵花等多项农产品的产量居全国之冠。但农产品并没有给他们带来更多的经济收入，倒是一直被列为国家级贫困县。之所以经济欠发达，主要是因为地理位置偏远，交通不发达，农产品以批发和零售为主要销售渠道，发展农村电子商务的基础条件落后，好农产品根本卖不出好价钱。

　　然而，站在"互联网+农业"的风口上，通榆县搭上了互联网的顺风车，打通了县域经济的致富路，将本地农产品在互联网上卖出了好价钱。2013年以来，通榆县全面启动实施电子商务项目，积极通过互联网手段开展农产品原产地直供，打造了农产品电子商务通榆模式。2014年与阿里巴巴集团合作，成为其"千县万村计划"农村淘宝项目全国第三

个试点县，2015年通榆县被商务部列入全国电子商务进农村综合示范县。

1. 以政府引领为关键

通榆县抢抓国家大力支持农产品流通和电子商务迅猛发展的重大机遇，紧密结合当地产业特色和优势，确定农产品电子商务发展战略，形成了以"政府背书＋基地化种植＋科技支撑＋营销创新"为主要特征的通榆电子模式，满足了各方面的需求，带动了县域经济的发展。

在引入电商的短短几年间，电子商务给这个县的农产品销售方式带来了巨大的变化。过去卖粮论斤卖，网络打开销路后开始论吨卖，最大的变化还是农产品卖得快，能卖个好价钱。例如，以前3元左右1斤的白高粱米，走上电子商务平台之后，可以卖到五六元1斤。再如，农业基地生产的有机绿色白高粱米，由于成本高，在当地卖不出好价钱，成滞销产品，却在网上成为畅销品，不到2个月就卖了1万多斤。

在推动农产品电商发展过程中，通榆县政府一直是不可或缺的重要力量。在资源整合、品质监督、基础建设等方面，他们担起引导和服务的职责。通榆县还成立了由县委书记、县长和运营公司负责人等组成的电子商务发展领导小组，为电商发展提供政策支持，加强对品牌化建设的引导和电商发展环境的营造。同时，组建了吉林省唯一一个9人事业编制的"县级电子商务发展中心"，并从政府相关部门抽调优秀干部，积极协调和组织各种资源，为项目快速落地"保驾护航"。还设立了专项发展资金和出台扶持创业政策，并组建由工商、质检、食药监等相关方面人员组成的市场监督管理分局，加强农产品电商监管，维护消费者权益。

2. 以资源整合为支撑

通榆县地处世界公认的"黄金粮食产业带"，是有名的"杂粮杂豆之乡""绿豆之乡""葵花之乡"。通榆出产的杂粮杂豆中的很多单品是全国"单打冠军"。基于此，通榆将自己定位为北纬45°上的弱碱粮仓，并将原产地的资源进行高度整合。

首先，整合异质化产品。通榆的电子商务合作伙伴，涵盖村落、乡镇，以及一些有固定基地的深加工企业。通榆地域辽阔，各乡镇都有自己不同的特色产品，通过异质化产品整合，能够集中展示本县丰富的农产品品种，增强农产品供应链的竞争力。

其次，整合社区资源。通榆县联合当地实力合作社，组建"三千禾"合作社联社，运营商通过合作社联社影响合作社，然后由合作社影响农民，从而进行生产方式的革新。

最后，整合科技力量。通榆与农科院建立合作，借助专家、研究机构的力量，进行品种、品类优化，在种子、种植以及深加工等领域注入科技力量。

3. 走"统一品牌"发展路径

通榆县推出了"三千禾"品牌，然后以"三千禾"为名片，选择政府授权、依托第三方电子商务公司将农副产品打包上线销售的"自上而下"电商发展模式，并率先在天猫建立旗舰店，随即与1号店签约，建设农产品直销基地，又开通"禾"协会微信公众号平台，及时发布通榆农产品信息。

在推出"三千禾"品牌系列产品的同时，通榆县还建立了农产品分包装中心和农产品检测体系，推动原产地农产品溯源体系建设，实行"统一品牌、统一标准、统一质量、统一包装"的"四统一"标准化售卖原则。通榆的农产品以"三千禾"天猫旗舰店为起点，在天猫、淘宝、京东、1号店等电商平台全面布局上线。接着，又推出社区O2O的线上线下相结合直供模式。同时，还推出移动客户端"放心粮APP"，构建了独特的原产地直供体系，实现品牌与用户的深度互动。

在"三千禾"之后，"大有年""云飞鹤舞"等品牌也相继推出，成为代表通榆农产品特色的品牌。

4. 多种营销推广手段联动

通榆县大力打造农产品，也尝到了品牌的甜头。品牌是建立在特色的基础上的，通榆深度挖掘本地农产品的特色、亮点，除了定位为"北纬45°弱碱粮仓"外，还定位为"杂粮主食化倡导者""原产地、原生态、原滋原味"，并以此为主打内容，广泛营销。为了打响通榆品牌，县政府举办了"通榆，互联网史上整盘葵花直送""七农下江南，一日一粗粮""聚土地""通榆县-1号店原产地直销新闻发布会"等活动，使通榆地域品牌及产品品牌快速走向全国。

同时，通榆还高度重视用户体验，将"杂粮主食化"等养生理念通过三千禾微信公众号等渠道广泛传播，并邀请用户作为"品质督导"定期试吃产品。当地政府也利用一切机会推介通榆特色产品，在"三千禾"旗舰店上线天猫的当天，县委书记和县长联名写了"致淘宝网民的一封公开信"，以政府公信力提高农产品信誉。

5."4+4"电商精准扶贫

"4+4",就是四个平台+四种模式的简称。通榆县在大力发展农村电商的过程中,借助电商这张"淘金大网",实施精准扶贫,解决贫困人员脱贫问题。具体措施,就是采取扶持贫困人口"直接开网店、加入合作社、成为供货商、参与产业链"四种模式,搭建电商扶贫"培训、创业、服务、金融"四个平台,启动实施了电商"4+4"精准扶贫。

2015年7月,在阿里巴巴集团的大力支持下,淘宝全网首个精准扶贫地方馆、吉林首个市县级地方馆——通榆馆正式上线运营(见图4-10)。通榆馆在建设上重点突出精准扶贫,线下O2O展示馆将吸纳至少30名贫困群众进驻。通榆馆的开馆,将以电商模式大力推动精准扶贫工作,帮助通榆农产品打破有形市场的局限,推动通榆农业产业化的跨越式发展,为通榆全面建成小康社会奠定坚实的基础。

图4-10 淘宝全网吉林首个市县级地方馆——通榆馆

 案例解析

通榆电商大获成功,并形成闻名遐迩的"通榆"模式,有以下三个方面的成功经验:

一是得益于政府的高度重视和全面推动。通榆电子商务的销售对象是农产品,而农产品电商又是一个系统工程,涉及交通、网络、物流、配送等基础设施建设,又与财政、税收、用地、融资、人才等各项因素相关,不是农民一方的事,也不是政府一方的事,只有共同努力才能成长。而这其中政府的布局和政策支持,必将起到关键作用。

以通榆的经验，必须建立政府统一领导下的部门合作联动机制，重点是做好规划、制定规则、营造环境、夯实基础。对基础薄弱或刚起步的农产品电商企业或网店，还要扶上马再送一程。以一县之力发展电商，当然也不是容易的事，这就要求县政府不等不靠、勇于创新、敢于担当、变道超车，在困境中闯出一条新路来。通榆县政府将电子商务上升为战略性产业，建立相应机构并从人力、财力上给予全力支持，体现了它的坚定决心和破釜沉舟的勇气。

二是得益于通过第三方主体实施品牌化的运作。打造品牌，是农产品走出去的重要举措。但县政府不便于干预市场上的事，而是通过专业的第三方主体负责运营。通榆县的第三方运营主体，是县域电子商务协会。这个协会为当地的农产品取了一个好名字叫"三千禾"，并直接进驻天猫旗舰店。更重要的是，在全程产业链上进行标准化运作，统一采购、统一包装、统一配送、统一运营、统一售后。独立的电商运营公司，能保证营销的质量、流量的运作、品牌的运营，从而保证整个产业链最关键的环节能持续地创造价值。

三是得益于利用地域差异体现农产品的品质。品质优秀，既体现质量，也体现差异。优质才会优价，互联网时代实现农产品电商快速发展，必须强化农产品的质量，努力以优质的农特产品，换取市场份额和网民信赖。各种农产品会因地理位置和环境不同，包括温度湿度、光照时长、土壤结构等不同，在生长中呈现出不同的明显的地域特色，在这个基础上挖掘优质农产品的特色卖点，进行专业化的品牌化包装，是体现品质、扩大知名度和吸引客户的重要因素。通榆县依托自己独一无二的地理位置打造出"三千禾"，就是走出了一条突出农产品地域特色差异化的成功之路。

从通榆县农产品电商模式可以看出，涉农电商借助互联网的优势，改善了市场上普遍存在的信息不对称问题，可以说电商就是发展农村经济的福音。通榆的"原产地直销"计划，就是去掉中间商，减少了流通环节，让农产品实现公平贸易。中间节省的费用，很大一部分让利给了农户，提高了农户的收入，并帮助农民解决"卖难"的问题。农产品的网上销售，倒逼生产环节的标准化和品牌化，以提高农产品的品质，这又促进生产者努力提高产品质量和档次。

不过，通榆的电商模式并不容易复制，特别是在耕地难以集约化和规模化的地方，品牌运作方式难以实行，小规模散户又缺乏信任与竞争力，这些地方农产品销售要寄希望于电子商务，还需要进一步探索。

● 陕西武功：买西北，卖全国

陕西省武功县，地处关中盆地西部，交通十分便利，地理位置优越，是关中地区重要的交通枢纽和物资集散地。借助独特的交通优势，武功县大力引进电商，迅速成为闻名全国的农副特产品物流集散地、农产品电商企业聚集地以及农村电子商务人才培训基地。武功县在首先做好自身定位、发展规划的同时，既重视与大企业合作，又全方位扶持小微企业做大做强，从而让"大众创业、万众创新"在县域内真正落地开花，已有40多家知名电商企业入驻武功，电商日发货量达18000单，日交易额突破200万元，被确定为陕西省电子商务示范县，也是西北电商第一县。

1.立足交通优势，目光投向大西北

武功并不是经济强县，县域面积不大，人口少，资源也有限。发展经济的出路在哪里？历任县委、县政府一直在思考这个问题。但武功也不是没有优势，其优势就在于交通便利，物流条件好，又有一定的冷链基础。说到交通优势，武功县城距离西安咸阳国际机场只有40分钟车程，而西宝高速、陇海铁路都从县内经过，5个小时内货物就能实现通江达海，这是其他地区难以比拟的，而物流优势恰巧是发展电子商务的必备条件。经过研究，县政府决定借助刚刚兴起的电子商务模式，大力发展电商产业，推进电子商务产业园建设（见图4-11）。

从2013年开始，武功县确立了"建设西北电子商务第一县"的目标，提出了"立足武功、联动陕西、辐射西北、面向丝绸之路经济带"的思路，唱响"中华农都·电商新城"的口号，着力将武功打造成西北农村电子商务人才培训基地、西北农产品电商企业聚集地、西部农副特产品物流集散地。

图4-11 武功县工业园区电子商务产业园

与传统电子商务县自产、自销的发展模式不同，武功电商走的是"买西北、卖全国"路线，在推广当地特色农产品的同时，武功县整合了陕西渭北地区的苹果、核桃，陕北地区的红枣、杂粮，以及新疆的瓜果、干果等300多种特色农产品，并迅速实现了将自身打造成西北电商农副产品的集散基地的目标。

2. 全面规划，打造西北电商第一县

武功探索了"买西北、卖全国"的县域电商模式后，便由县一把手亲自挂帅，成立了一套领导机构，统筹县域电商发展，并抓好"定目标、建机制、抓重点、搞培训"这四个重点项目。

一是定目标。结合县域实际情况，发挥区域优势，认准打造"西北电子商务第一县"目标。

二是建机制。由县委、县政府一把手牵头，成立了"农村电子商务工作领导小组"，以小组的名义，成立了武功县特色农产品生产经营者协会和电子商务协会，负责特色农产品的普查、征集、展示、实体销售，组织电商企业和个体网店交流信息、配发产品，指导个体网店对店面进行优化升级、统一发货。建立县域电商运营中心，指导全县农村电商发展；建立了覆盖城乡的物流体系，实现物流配送"村村通"；建立农村电商政策、资金、培训等扶持机制，促使农村电商规范发展；同时，建设农产品电子商务孵化中心、检测中心、数据保障中心、健康指导实验室"四大服务平台"；落实了"五免"政策，为入驻电商企业免费提供办公场所、注册、传递货源信息及上传产品、培训人员、无线上网。

三是抓重点。着力抓好农产品电商、农村电商和县域电商三个重点。

在做强县域电商的同时，坚持用互联网思维助力传统产业转型升级，探索一、二、三产业融合发展新模式，推动电商物流、人才流、信息流、资金流的聚集，形成了县域电商经济。

四是搞培训。从培训入手，增强群众电商意识。全县先后累计组织各类电商培训105场次、1.1万人次，间接宣传培训3.5万人次。

接下来，武功县又推动"买西北、卖全国"向"卖什么、造什么""买全国、卖丝路"方向迈进，构建"一区两翼三园四个市场五个基地六个中心"的电商发展新格局。所谓"一区"，即全力争创"互联网农业综合试验区"；所谓"两翼"，即在西安、咸阳建立两个电商服务窗口；所谓"三园"，即规划建设微商产业园、农产品电子商务产业园、电商产品展示及体验园；所谓"四个市场"，即建成果蔬网上交易市场、西北农产品网上交易市场、苗木花卉交易市场、农资（小商品）网上交易市场；所谓"五个基地"，即择优建设果品蔬菜示范基地、优质粮食种植及加工示范基地、养殖及畜产品加工示范基地、苗木花卉示范基地、特色手工布艺示范基地；所谓"六个中心"，即配套建设电子商务孵化中心、电商运营中心、电商物流中心、大数据及信息中心、农产品检验检测中心、电子商务后勤服务保障中心。

3.栽上梧桐树，引得凤凰来

为了实现辐射大西北的目标，武功县在推广当地特色农产品的基础上，整合陕西渭北的苹果、核桃，陕北的红枣、杂粮，陕南的茶叶、菌类，关中的肉奶、面食，以及新疆的瓜果、干果等30多类300多种特色农产品，为武功电商企业网上销售提供了源源不断的货源。

便捷的交通、廉价的物流、丰富的农特产品，很快就吸引了大批知名电商企业入驻。一家从新疆迁址陕西武功的企业，就是看重了这里便利的交通条件。2013年12月武功电子商务正式起步，2014年，据阿里巴巴销售平台统计，武功县农产品交易增速在全国县域电商排名中位居第11位，在陕西省农产品销售县域排名中位居第一位，农产品销售超过2亿元，全国大枣、核桃、杏干、椰枣、鹰嘴豆类目销售排名第一，全国干货类目销售排名第五。经过两年来的探索、实践，先后引进陕西美农、西北商盟、陕西丝路、陕西树德、熊猫伯伯等电商企业和快递公司，成功争取淘宝大学陕西分校落户武功。截至2018年，武功县引进知名电商企业180家、快递公司40余家，建成"村淘"及京东村级服务站300

多家、标准化农家店380户、镇超工程8个，电商年销售额达到20亿元，还被确定为全国电子商务进农村综合示范县、中华全国供销系统电子商务示范县、全省电子商务示范县和陕西省一、二、三产业融合农产品电子商务试点县。

4. 既重视"大象起舞"，也扶助"蚂蚁雄兵"

由于基础条件便利，县政府重视，营造了良好的电商氛围，使企业在武功县做电商能找到一种"家"的感觉。一方面，他们能得到县委、县政府优厚的政策扶持；另一方面，当地政府对电商企业给予充分的关怀与帮助，既重视"大象起舞"的大企业，也扶助"蚂蚁雄兵"的个体户。

一是优化办事流程和程序。武功县对发展电商的政策扶持是多方位的，首先是优化办事流程和程序，公开企业和个人开展电子商务经营活动的工商登记、商标注册、税收申报等办事流程和办结时限，简化办事程序；并依托电商服务中心实施专人负责的集中服务，建立起了针对电商企业的"绿色通道"。

二是强化资金扶助。从2014年起设立500万元专项资金支持电商发展，重点解决小微企业资金难题。而电子商务行业当年税收的县级留成部分，在次年全部纳入扶持资金，从而确保扶持额度随行业发展逐年增加。此外，还加大金融信贷支持力度，鼓励支持待就业大学生，农村青年群体上网创业，并优先列入国家创业就业贴息贷款扶助范围。武功县各金融机构也对电子商务领域的企业和个人畅通了信贷支持和服务通道。

三是培养、培训电商人才。重点培训当地群众，带着乡亲们"上网充电"，壮大电商队伍。从农民、村干部到两后生——高中毕业生和职中毕业生，只要想从事电商，都能免费接受培训。而师资力量则来自西北农林科技大学、西北大学、邮电大学等高校的涉农专家教授。同时，武功县还主动联系南方电商发展较快的县区，聘请他们的专业人员来做案例指导。

5. 电商模式影响全国，惠及农民

电子商务的兴起，实现了群众购物、销售、生活、金融、创业"五个不出村"，普惠了互联网成果；带动了仓储、冷链、物流业发展，繁荣了城乡商贸；推动了农产品销售，促进了农民增收，倒逼了农业、工业产品转型，加快了农业农村和工业经济优化升级。

电子商务的发展，推动了传统农业转型升级，带动了农民增收。仅

电商一项，为全县农民人均纯收入贡献300元左右。

以农民谈国民（化名）为例，这个以种苹果起家的果农，多年来一直为苹果滞销而发愁。2015年9月加入农产品电商创业者的队伍，短短几个月，就解决了自家果园苹果滞销问题，成为当地颇有名气的苹果电商。一个月之内，他就通过电商销售万斤苹果，不仅增加了自己的收入，也带领当地农民拓宽了销售渠道。通过电商平台，以往1元1斤都卖不出去的苹果，7元1斤还供不应求。

 案例解析 --

武功县发展电商的成功经验，被总结为"武功模式"，得益于以下几个方面。

一是基础设施非常完善。首先是交通发达，作为西北腹地的交通枢纽，四通八达的地理位置是其得天独厚的条件；其次是网络基础设施较好。

二是服务机制健全。武功县本来就是一个物资集散地，加入电商后，水到渠成；并积极谋划，引进专业服务商，形成"买西北、卖全国"的格局。还通过专业的服务商培育出本地电商人才，建立完善的电商培训体系。

三是产业转型见效快。个体网商和企业等经营主体富有创业热情和创新精神，依托当地苹果、猕猴桃以及地方特色产品等扎实的产业基础，带动本地产品进行电商化转型。

四是政府扶持有力。政府的介入、协会的成立，加上服务商的带动，大家心往一处使，彼此相互促进，形成了良好的政策环境。

"武功模式"的成功，更在于武功人发展电商的勇气和热情，以及独有的魄力，具体体现在以下几个方面。

一是视野开阔。武功发展电商的目光没有停留在县域境内，而是把目光放得更宽，提出了"立足武功，联动陕西，辐射西北，面向丝绸之路经济带"的思路。这个思路的提出，充分考虑了毗邻大西安和地处丝绸之路交通线的区位优势和较好的基础设施优势。

二是目标深远。武功电商模式最突出的特点，是超越了其他县域电商从促进农产品销售开始的初步模式和催生乡村经济新增长点的中级模式，直接跨越到县域经济的较高层次。因为电商如果作为一种销售路径来应用，则意义受到限制，基本属于第三产业范畴；而如果把电商问题提高到电商经济层面，则赋予了更高的意义，可以打通生产、储藏、加工、销售各个环节，实现一、二、三产业的凝聚。

三是口号响亮。武功县一开始就提出了"买西北、卖全国"的口号，决心将武功打造成陕西电子商务人才培训地、聚集地和电子商务物流集散地，这是一种独有的气魄和胸襟。只有这样的气魄，才能吸引更多的人才和企业。

但"武功模式"还有一定的改善空间，还要继续加大后劲，如果能从以下两点着手，就会保持现有的发展势头：

一要适当地延长产业链。从鲜果—粗加工—深加工的产业链向前延伸，打造生鲜果品全产业链。在完善细化加工的产业链之外，发展休闲农业。如果将农业与旅游相结合，利用苹果园、猕猴桃园等产业优势，融合当地文化特色，打造融旅游文化、特色餐饮、娱乐休闲及深加工为一体的产业链，那无疑将是一个新的飞跃。

二是打造区域品牌。在已建立的电商发展知名度的基础上，利用本地的农产品优势，缩短品牌建设过程，培育区域公用品牌。本着做强武功县苹果、猕猴桃品牌的原则，引入第三方机构，制定区域公用品牌规划，为县域内的农产品对接电子商务，做好品牌背书和市场培育工作，从而进一步提升农产品的价值。

● 贵州施秉：顶层设计，全面启动

施秉县位于贵州省东部、黔东南州西北部，境内交通便利，县城距凯里黄平机场15公里、施秉火车站17公里，距沪昆高铁三穗站95公里、凯里南站77公里，三条高速公路穿境而过。近年来，施秉县依托交通优势，抢抓国家制定实施"互联网+"的重大机遇，把发展电子商务作为推动县域经济的抓手和途径，启动实施了电商发展"星火燎原"计划，闯出了一条"小县域、大数据、新思维"的电商新路。全县已建成农村电商服务站点20多个，覆盖全县40%的行政村；建成县级电子商务公共服务中心1个，入驻县级公共服务中心体验馆的企业有40多家。全县的个体网店达350家，开网店的企业超过100家，电商从业人员7000人。因此，被评为"省级电子商务进农村综合示范县"和"全省电商扶贫试点县",取得了不凡的成就。

1. 充满底气的顶层设计

施秉县地处山区,有着丰富的产业资源。山上的中药材和精品水果、传统的民族手工艺品,还有旅游产品,这都是施秉县的优质资源。其中,中药材种植面积10万多亩,精品水果种植面积也达10万亩;作为少数民族聚居的地区之一,民风民俗丰富多彩,保留独具民族特色的村寨有10多个,从事银饰品、苗族服饰品、刺绣、刻道、芦笙、竹木根雕、茶叶、山野菜等旅游商品生产加工的企业(村、户)超过100家,旅游商品年产量近20万件。

优质的资源,成就了施秉县发展电子商务的"底气"。施秉县充分意识依托本县资源、发展电子商务的机会,于2015年毅然扛起了"省级电子商务进农村综合示范县"的大旗,义无反顾地发展电商,将其作为全县经济发展"弯道取直,后发赶超"的重要抓手。为此,专门成立了以县委书记、县长为双组长的电子商务协调机制工作领导小组,全力推进这项工作。

有了双组长的重视,很快就出台了一系列电商文件,包括《施秉县电子商务进农村综合示范发展规划(2016—2018年)》《关于加快电子商务发展的实施意见》《施秉县电子商务进农村综合示范工作实施方案》《施秉县促进电子商务发展扶持政策(试行)》《关于发挥基层党建带动作用助推农村电子商务发展的实施方案》《施秉县基层党建助推农村电子商务发展工作机制》等,这些政策性文件,就像一声声号角,吹响了发展电商的进行曲(见图4-12)。

图4-12 施秉县电子商务进农村万人启动大会

有了政策指导文件，重要的是真抓实干，稳扎稳打地行动。他们的做法，一是进一步构建物流配送体系，二是建设一批电子商务实施主体，三是搭建电子商务操作平台，四是加强电商人才培训等，这一系列具体而细致的工作，随即在施秉县展开。

2.电子商务全面推进

在推进电子商务发展的过程中，施秉县一方面注重顶层设计，为电商做全面规划；另一方面厘清自己的定位，处理好政府与市场的关系，做到既不越位，也不能缺位。在该做的工作中，他们突出的是一个"快"字，在学中干、干中学，不等不靠。为了全力推进电子商务产业健康快速发展，他们按照"1234"的工作思路一步步展开工作。

一是一个定位，突出施秉电商的特色。施秉的特色农业和旅游资源是自己的优势，搞电商，离不开这两个优势，于是，着力推进"大数据+现代山地特色农业+旅游业"，以旅游促进农业，进一步促进扶贫和大众创业、万众创新，再推动旅游、特色农业、扶贫开发深度融合，搭建一条跨越发展的"云高速"，构建县域电商发展的"大生态"。在规划中，按照"一年推开，二年突破，三年跨越"的目标，打造特色鲜明的施秉版电商模式。在这个目标的前提下，大力发展"互联网+特色农业"，在农业生产、加工、流通等环节，加强互联网技术应用和推广，为农产品进城拓展更大空间。另外，通过"互联网+旅游"，建成了融旅游网络取票、售票及购实体票业务为一体的电子旅游体验区，开通了微信公众号、微官网。与携程旅游网等12家旅游网站搭建了旅游网络整合营销平台，实现线上旅游产品的预订、支付，线下享受服务的O2O模式服务。同时，还将党建、村集体经济、便民服务、合作社、金融等工作融入"互联网+"模式中，拓展"互联网+"范围。

二是围绕"两个载体"，拓展电商渠道。第一个载体，是重点培育市场主体。鼓励电商、物流、商贸、金融、供销、邮政、快递等各类社会资源加强合作，参与农村电子商务发展。着力扶持培育市场前景好、诚信度高、实力雄厚的网品生产企业，为"农货进城"提供保障。第二个载体，是重点搭建电商平台。一方面建成融运营、孵化、体验、服务、展示等为一体的县级电子商务（扶贫）公共服务中心，内设民族文化展示、电子旅游体验区、农旅产品体验区及跨境电商O2O体验中心等服务功能；另一方面组织本地的企业、返乡青年、创业大学生、在外农民工等群体，建立微商圈，以此为载体扩大电商营销，重点是搭建"线上平台"，坚持大网小网并用，搭建"一超（淘宝系）多强（京东、贵州电商云等）众星星（其他小众平台）"的电商平台格局。运用好垂直平台、区域平台及微商平台等，支持有条件的企业或运营商建立第三方电子商务平台。

三是实施"三个一批"，激活电商要素。一是打造一批电商试点村镇。注重结合各乡镇的特色优势，创新思路，着力打造了一批各具特色的电商示范村镇。探索形成"一店带多户""一店带一村""一店带多村"等电商扶贫模式。例如，甘溪乡望城村，利用精品水果产业和美丽乡村，采取"互联网+农业+乡村旅游"模式，打造了融体验农业、果品采摘和乡村旅游为一体的电商示范村；牛大场镇牛大场村，依托中药材特色产业，采取"互联网+中药材"模式，打造了"中国药城电子商务第一村"，等等。二是优选一批网品。有重点地抓好网货生产，强化产品资质，大力抓好有机产品、绿色产品、无公害产品、地理标志性产品"三品一标"。突出全程品控，建立地标性优质农产品溯源体系建设，为每件农产品配备"身份证"上线销售，推出一批高品质的产品。其中"施秉太子参""施秉何首乌""施秉头花蓼"三个品种已获得国家GAP认证。三是引进一批返乡创业群体。依托工业、农业园区，通过盘活闲置厂房等存量资源，建立返乡创业园区；召开返乡农民工创业座谈会、发放《施秉县长盛情邀请你回家创业》公开信等形式，广泛宣传支持农民工等人员返乡创业的各项政策措施，推介施秉招商引资项目，吸引更多的施秉籍农民工和农民企业家返乡创业。

四是抓实"四项工作"，夯实电商基础。一是抓氛围营造。成立了县委书记挂帅、县长靠前指挥的电商工作领导小组，抽调精干的领导干部充实电商队伍。召开全县电商万人启动大会，推动全民"触网"。成立县、乡两级电商协会，力促生产商、网商、服务商"三商"联动，培育电商产业链。组建"云上施秉"微信群，为电商领域的领导干部和企业家提供交流探讨平台。建立了定期调度机制，实行一日一调度，组织开展了多次全县电商观摩会。加强"云上施秉"品牌宣传，以旅游服务带动农产品线上、线下的销售，促进旅农融合发展。二是抓学习培训。坚持"走出去和引进来"相结合，实施人才培养工程。已开办多期青年电商创业培训班，培训1700余人员，其中部分人已开网店，为电商发展开好头、打基础。三是抓配套服务。出台了一系列电商扶持政策，为企业、贫困户、返乡创业群体等创造良好的政策环境。四是抓改革创新。整合供销社、邮政、农村信合的组织网络体系和服务功能，把邮乐购、票务代购、水电费用代缴、金融服务和便民服务等融入电商服务站点中。

3. "云上施秉" 公共品牌效应彰显

在短短的时间内，施秉县电子商务日新月异，底气越来越足，成效越来越明显。

从硬件上看，交通、通信、物流配送等基础设施较完备，公路、有线宽带、无线网络基本实现"村村通"。通组公路硬化率达80%；通村客运率达100%；建设通信基站400余个，覆盖率达95%以上；施秉县信用联社已在县内设置了70余个便民服务站，实现金融终端"村村通"。

从服务体系上看，已具有一定规模的省际、县际专业物流货运企业及分支机构约19家，货运车辆80台以上；县域商品物流配送企业约19家，其中依托"万村千乡市场工程"建有"施秉县农村电子商务配送中心"，邮政"连锁乡镇物流配送中心"，车辆80台以上；有冷链物流3家，邮政电商配送网点26个，快递14家。

从成果上看，全县在淘宝网、天猫、京东商城、微商城等商务平台开设网店在300家以上。在阿里巴巴、京东开店的企业有40家，申请入驻贵州电商云的企业超过50家，并已开设"施秉馆"。创建了"云上施秉"县域公共品牌，成立了施秉县电子商务协会，通过协会运行发展个体网店200多家；"触网"从业人员8000多人。

"云上施秉"公共品牌效应一年比一年彰显。占地面积约65亩，投资近3000万元，包含现代物流仓储配送中心、电商扶贫孵化中心、大数据运营及呼叫中心、学生营养餐配送中心、农产品加工基地及其他综合配置功能分区的施秉县临安电商产业园兴建完成，"云上施秉"的目标正在一步步变成现实。

 案例解析

施秉县在发展电子商务方面，一步步推进，实现了快速增长，应该从以下几个方面分析总结他们的成功经验：

一是政府全力推动。虽然市场是经济发展的主体，但没有政府的推进、引导和扶持，一切都是空谈。施秉县政府准确定位自己的地位，一方面顺势而为、顺市而为，不缺位；另一方面点到即止，不超越自己管辖的范围。在推进电商创新中，施秉县政府坚持"一把手抓，抓一把手"，各级政府通力合作，共同推动。正是县党政"一把手"借助政府公信力，为"云上施秉"统一公共网品质量代言背书，才成为贵州省首个为统一公共品牌代言背书的县。

二是硬件、软件一起上。发展电商，织密"地网"是基础。"地网"的建设，既要在硬件上完善，也要有软件上的支撑。在硬件上，他们在县城和村寨建立融体验、孵化、运营等功能为一体的电子商务服务中心（站点）；在旅游景区景点、旅游集散中心等外来人员密集处，设立线下体验店；培植电子商务公司，完善物流仓储、配送等服务体系，打通工业品下乡农产品进城的"最后一公里"。在软件上，加强业务培训，把乡镇、村寨和企业的积极性调动起来，让农民变"网民"，"网民"变"网商"，"网商"变网企，培育草根创客集体，让更多的人享受到互联网带来的便利。

三是对接网上大平台。县域电商要建大市场，要建好孵化平台，就要对接大平台，实现线上、线下互动。许多电商巨头为了抢占农村市场，纷纷主动向农村布局，农产品网上交易模式多样，成为电商新的增长点。县域电商发展要看到这些大平台的优势，主动对接，在对等的权利和义务下，主动把县域电商融入大型电商企业平台，驶入电商发展"快车道"。

四是立足县域优势资源。发展电子商务，要形成自己的模式，就要结合县域特点和资源优势。施秉县突出交通、旅游优势和农特产品优势，紧紧抓住旅游和特色农业两个主导产业，加速推进"互联网+农业""互联网+旅游"，探索"互联网+党建""互联网+便民服务"等新机制，充分激发电子商务的创新动力、创造潜力和创业活力，推动旅游和农业的跨界融合和转型升级，做大做强特色优势产业，增强市场竞争力，这无疑给其他县域电商提供了崭新的思路。

五是打造公共品牌。农村电商不喜欢单打独干，而喜欢联合互动，走高质量的品牌路子。施秉县摒弃发展电商就是买卖产品的观念，树立先打造品牌，再推销产品的理念，首先打造了"云上施秉"统一公共品牌。所有农产品的包装、销售和服务，实现从县到乡到村"统一品牌、统一包装、统一标准、统一质量"。在推进电商生态圈建设的过程中，注重卖点的突破，打造施秉"爆款"，吸引八方来客。

● 贵州清镇：打造"基地+电商"模式

清镇市是位于贵州省中部的一个县级市，由于它在发展电子商务中的突出成就，被省商务厅授予"2015年全国电子商务进农村综合示范县（市）"；同时，该市对9个乡镇级农村电子商务服务站和第一批17个村级电商便利服务店进行授牌，并命名41位"农村电商能人"。从此，这个地处西南边陲的山区小市，引起了人们的注意。

1. 全面打造电商平台

发展电子商务，要结合本地的资源优势，一般需要具备三个条件：产业基础、交通物流和人才储备。

对于清镇来说，它是国家级现代农业示范区，拥有丰富的粮、油、菜、果、药、茶、烟、奶、鸡、猪等农特产品，产业基础具有明显优势。以2015年为例，全年无公害有机蔬菜生产基地超过30万亩，除保证供应本地居民需求外，还销往港澳地区。从交通物流来看，清镇市打造的电商物流园，位于市南郊，紧邻观山湖区、花溪区和贵安新区核心区，贵黄和沪昆高速，国道、省道贯通全境，与百马、金马、贵红、宾阳等4条大道相接；并拥有林织、湖林、长昆等铁路和年运量400万吨清镇火车站。从人才储备来看，清镇职教城已入驻学校19所，入驻师生达6万人，未来这里将容纳职业院校25所，入驻师生15万人以上，建成以院校为主的校企合作产业园20个以上，入驻企业100家以上，这为清镇发展电子商务提供了强大的人力资源库。

综合以上优势，清镇市在全力打造"全国电子商务进农村综合示范县"的进程中，将发展电子商务作为经济增长的"新引擎"和"助推器"，实施"大扶贫"和"大数据"两大战略行动，围绕"促进农业增效、农民增收、农村繁荣"的目标，推动电子商务与实体经济、百姓生活深度融合，探索出适合本地发展的"电子商务+"新模式。以下是他们所采取的具体措施。

一是营造电商氛围。发展电商，是筑巢引凤的工作，没有良好的氛围，达不到目的。特别是要想把电商引进农村，没有良好的发展氛围，就吸引不了眼球。为此，清镇出台电商扶持政策，借助诚信建设的基础及优势，营造全民做电商、全市帮电商氛围；与省大数据研究院合作，研发针对农产品追溯和生产过程性监督的手机用户APP客户端，部分乡镇农特产品正在与生产者"绑定"微信二维码等方式进行身份"注册"。

二是打造基础设施。一方面加强产业园区建设，另一方面开展招商引资，重点是打造电商物流园、淘宝生态城、时光贵州小镇、聚城财富广场和华丰国际物流城，规划打造"互联网+"高效物流园区（全省电商配送及物流基地）、贵州电子商务人才孵化基地、时光贵州O2O黔货出山展示基地、聚城电商创客小镇及华丰电商创客小镇等项目，结合贵州（清镇）职教城，将清镇市电子商务产业园打造为贵州电子商务人才孵化基地、输送基地（见图4-13）。

图4-13　清镇市电子商务产业园

三是构筑三级网点。清镇市与阿里巴巴、京东、苏宁、贵州电商云、四川网贸、杭州常春藤等32家大型电商平台企业合作，加快农村电子商务服务平台、乡镇级电子商务服务中心、村级电子商务服务点建设，已建成"县级运营中心—9个乡镇农村电商服务中心—177个村级电商服务网点"的立体物流流通网。同时，联手菜鸟物流开拓出3条电商物流线路，连同邮政原有线路，行政村物流覆盖率达80%以上，新架设村级农村电商网点基础网络宽带280公里，已开业的80个"农村淘宝"村级服务点全部通网（含无线）。

四是建设特色平台。清镇依托自己的实际，重点发展旅游、文化、绿色产业等特色电商平台。清镇市依托已有的融旅游、度假、休闲、娱乐为一体的休闲旅游商业街区，打造融地质文化馆、史前文化馆、民族文化馆、屯堡文化馆、休闲文化馆等为一体的"黔货出山展示基地"，有效地提高了"黔货"的影响力,为"黔货出山"提供了平台。

五是开发创客小镇。清镇依托华丰国际物流城融粮油食品交易、展示销售、后勤服务、综合信息、运输、仓储等优势资源为一体的大型专业市场聚集区,打造绿色产业综合一体化的华丰电商创客小镇;并充分发挥职教城优势,围绕聚城财富广场业态功能,打造聚城电商创客小镇;通过对"现金、现场、现货"的传统批发商业"借网智慧化"升级改造,打造成线上、线下为一体的电商创客小镇。

2."基地+电商"模式带来的便利

引进农村电商的目的,归根结底是服务于农产品销售。清镇市通过电商平台,在农产品生产企业和消费者之间搭起了一条便利的桥梁,消费者只要上网下订单,就会有人帮你把蔬菜基地生产的新鲜蔬菜直接送到家门口。清镇市积极引进阿里巴巴、京东、苏宁易购等知名电子商务企业入驻的同时,全力整合本地企业,完善电子商务产业链条,积极探索开展线上、线下协同运营的发展模式。贵州绿城生态电子商务有限公司,就是清镇市一家从事O2O生鲜直营的企业。这家公司在清镇市建设"绿城社区O2O生鲜直营店"20个,覆盖了全市80%的社区,每天订单平均达到300单左右。另外,有10多家大型农产品生产企业,以及20户农户通过这家企业实现了农产品的网上销售。

农产品基本上就是通过这种形式,从生产基地直接采购,经过绿城平台进行分拣、包装,直接就送到消费者的手中。通过电商平台,省去了中间流通环节,市民享受了实惠,农产品生产企业得到了发展。清镇市一家农业龙头企业——贵州向黔冲综合农业有限公司,占地1300多亩,每年生产叶菜类、茄果类60多个品种,蔬菜近3000吨。以前,公司主要通过蔬菜批发市场、餐饮企业等渠道销售蔬菜,受市场环境影响很大;在引进电子商务后,通过贵州绿城生态电子商务有限公司搭上了销售快车,实现了农产品的直销,取得了很好的市场效果。

3.全面为农民"触网"打基础

为了实现电子商务网点全覆盖,以"互联网+"模式,扩大到乡村旅游、农特产品等本土资源,清镇市积极引导农民"触网"致富。

2015年以前,对清镇的很多村民来说,城里人早就习以为常的网上购物,有点遥不可及。原因很简单,快递公司一般只把包裹送到乡镇,村民要自己去镇上取包裹。

为解决这个难题，清镇推进"市、乡、村"三级电商平台体系建设，功能之一即为突破物流瓶颈。

首先，建设市级运营中心。2015年12月6日，清镇市级运营中心正式运营，不久就入驻电商企业30余家，2018年已达到150家。运营中心整合了全市的物流货运资源，吸引阿里巴巴菜鸟物流入驻，如今运营中心到全市各乡镇物流配送覆盖率已达100%。

其次，建设乡镇农村电商服务中心。全市共9个乡镇建成了镇级农村电商服务中心，每周为村级网点开展不少于2次的配送服务。

再次，建设村级电商服务网点。全市181个行政村共建成村级电商服务网点170个（包括农村淘宝网点、村邮乐购网点、供销e社网点等），其中具有网络购物、缴费支付、取送货品等服务功能的村级网点占比达85%以上。

最后，清镇市在信息建设方面，已完成了9个乡镇的镇级便民服务中心和64个行政村宽带村村通工程的接入工作，覆盖率达到100%。

有了梧桐树，引得凤凰来。清镇市电商从业人员已突破3000人，招募"村淘"合伙人300名，其中主要成员是返乡农民工。为了支持农民工返乡创业，清镇市财政配套2000万元专项资金，整合1500万元中央资金用于支持电商产业发展。出台了《清镇市电子商务进农村优惠扶持政策》，对新开设的"村淘"服务站点，年交易额首次突破10万元、50万元、100万元以上的，分别给予奖励；将电商企业作为微型企业纳入扶持政策；通过开展诚信评定，对"村淘"合伙人发放诚信贷款；培训电商干部、返乡农民工、待业青年等。

 案例解析

清镇发展农村电子商务，基本实现了群众"办事不出村、购物不出村、销售不出村、生活不出村、金融不出村、创业不出村"，为农村特色产业插上"互联网+"的翅膀，让群众享受到更周到的服务。这其中的成功经验可以总结如下：

一是依托县级电商运营中心吸引返乡创业。电商运营中心入驻数十家企业，带动数百家传统商贸、农业、工业等企业"触网"转型升级，使电商从业人员迅速扩大。其中，直接从事电商行业登记在册的，就达700多人。

二是园区的精准定位找对了发展方向。定位决定园区发展的水平，如果定位不准，就会对园区产业集聚造成困难，不仅制约园区建设速度，还会为园区产业的后续提升造成障碍。清镇充分认识到自己的地域优势和资源优势，注重集约化和产业关联度，最终选择以电商物流为核心的现代服务业发展模式，用电商和物流凝聚现代电子商务、现代仓储业、现代加工业和物流密集的汽车销售、粮食聚散等产业，使园区产业集中，产业关联度高，企业间可通过供需形成互相关联，在共融中求共生，最终形成产业集群。这个定位，迅速吸引了众多商家入驻产业园，成为电子商务的中坚力量。

三是正确选商不搞来者不拒。产业定位重要，选商也很重要。否则会造成杂乱无章，良莠不齐，不利于园区的可持续发展，防碍以后的招商引资工作。清镇招商的标准是主动招商、严格把关。符合园区产业定位又有意扩张的企业，他们会主动登门宣传，努力争取；而不符合产业定位的，就算求上门来也不能答应入驻。如此严格把关，才能保证企业质量。

四是强化软环境建设做大做强。园区发展需要诸如道路、厂房、水、电等硬环境的完善，同样需要人才、信息、管理机制等软环境的健全。清镇为了给入园企业提供快速服务平台，成立了许多专门小组，包项目，包进度，确保项目快速推进；建立人才培训基地，培训大量的技术工人，为此每年大量筹资建培训基地。

● 山西武乡：电商开辟富民路

山西省武乡县位于太行山西麓，资源丰富，交通便利。近年来，抓住"互联网+"的机遇，在全省范围内打造电子商务进农村的"武乡模式"，取得了举世瞩目的成就。在电子商务的强力推动下，武乡县各类优质农产品走出家门，成为激发老区农村经济健康发展的强大动力。武乡县已成为国家级电子商务进农村综合示范县，网商超过100家，电商行业从业人员超过3000人，网上年销售额达6000多万元。其中，80%以上的网商主营的都是地方特产。

1.牵手大鳄推动电商发展

在互联网大潮的驱动下，武乡县审时度势，迅速搭上了电子商务的快车。2015年4月，武乡京东服务中心成功落户武乡并正式投入运营，是电商发展迈入快车道的标志。

京东落地后，他们充分利用京东技术、人才、品牌影响等相关资源，建立"京东服务中心""农村合作点""特色馆"等，并招募乡村推广员，让广大农村消费者享受到京东的优质便捷服务。同时，又借助京东的品牌效应，帮助当地的优势产品、特色产品走出去，使老区的特色农产品通过京东平台销往全国各地。

引进京东，只是武乡发展电子商务的第一步。一炮打响之后，武乡人并不满足，而是一鼓作气，为做大做强继续努力。此后，他们又先后引进了乐村淘、苏宁易购集团等电商巨头，为武乡老百姓敞开市场，提供渠道。在这些市场魅力的召唤下，全县各地的优质农产品，在电子商务的交易下，纷纷走出家门，满足外地消费者的需求，为激发老区农村经济健康发展注入了强大的动力。

在具体规划上，武乡县全力推进"一城一数据一园两网六中心"建设。"一城"，就是建设智慧武乡城市；"一数据"，就是建设全国红色旅游大数据中心；"一园"，就是建设长治市最大的电子商务产业园；"两网"，就是电子商务公共服务县乡村三级网络和县乡村三级物流网络；"六中心"，就是县级电子商务公共服务中心、县级物流仓储配送中心、县级电商培训中心、县级电商创业中心、县级电商体验中心和县级电商产业中心。

2. 稳步推进电子商务进农村

为了给农村电商提供组织保障，武乡县成立了电子商务进农村工作领导组，负责统筹指导全县的农村电子商务综合示范工作，制定政策，协调解决问题。领导组下设办公室，负责具体工作的组织实施，协调推进，督促落实，各职能部门和各乡镇配备专职电子商务信息服务助理员，负责信息收集、上报、对接等服务工作。

为切实保障电子商务进农村工作的扎实推进，由农村电商领导小组办公室牵头，组织农业、供销、扶贫、通信管理等部门，定期研究解决电子商务进农村推进过程中遇到的问题。同时，各乡镇、开发区健全了工作机制，落实了工作责任，组织本行政区域内各部门、企业深入基层，扎实推进电商工作；带领想干事的农民、创业者前往兄弟县市学习好经验、好做法，并持续推进万人电商培训工作；采取以奖代补、专项补助等多种形式，加大对农村网络基础设施、电子商务公共服务平台、农村电子商务产业基地、电子商务运营服务体系和电子商务人才培训工作的扶持；鼓励先行先试，进一步简化注册资本登记，放宽电子商务市场经营场所登记条件，实现开网店创业"零门槛"。在财政、税收、金融、土地和人才等方面给予政策支持。

农村电商的目标，就是推动本地农产品网上流通。为了实现这个目标，武乡县重点示范，充分发挥示范农业产业化龙头企业、典型农民网商的带头引领作用，在重点区域和特色领域集聚发展，着力打造淘宝村、网店乡等具有鲜明特色的农村电子商务产业集群。以本县农业主导产业和特色产业为主题，促进农民开展"农产品、特色产品"网络销售，推动4个以上农业龙头企业实现网上销售，发展10个以电子商务为主要营销手段的新型农业经营主体。

投资200万元改扩建县级仓配中心已完工，按照"县有中心、乡镇有服务站、村级有服务点"的三级公共服务网络建设目标，1个县级公共服务中心已投入运营，在全县15个乡镇、500人以上行政村建设15个乡镇服务站、150个村级服务点。同时，不间断在返乡大学生、农民、村级服务站负责人中开展专业培训，培育一批电商人才，现已培训3000余人，并通过孵化，将打造"淘宝村"数个，新增上线运营淘宝店1000个，培育一批农村电商的"领头雁"。

3. 电商为扶贫攻坚"添"新翼

武乡气候宜人，因其独特的气候资源，境内盛产小米、红豆、绿豆、黑花生、黑芝麻等各种小杂粮。但受山大沟深、信息不畅、交通不便等制约，好产品有量无市、有质无价、增产难增收，贫困状况仍未摆脱。为此，他们把电商扶贫作为精准扶贫行动的一项重要内容来抓，借助电子商务平台，把贫困地区特色农产品与全国大市场进行对接，打破地域时空界限，克服交通区位瓶颈制约，将空间上的山重水复，变为网络里的咫尺之隔，开辟了贫困群众增收致富的新渠道。

2010年前后，武乡人开始尝试用网络出售"武乡小米"，没想到自家种的土特产，还真的直接卖到"北上广"等大城市居民家里，还能增收，效果让他们始料未及。尝到了成功的喜悦之后，武乡县政府对县情和资源禀赋进行了理性思考，做出了站在"互联网+"的风口上，顺势而为，搭上信息化"高速列车"的决定，大胆探索电商扶贫之路。他们一方面举全县之力，精心打造以武乡小米为主的一批网上销售的优势特色农产品；另一方面抢抓被列为国家级电子商务进农村综合示范县的机遇，建设电子商务产业园，逐步形成了县乡村三级电子商务公共服务网络和物流网络，填充完善了公共服务、仓储配送、培训、创业、O2O体验和创客六个中心，架构起了"一园两网六中心"的电商扶贫基础。

同时，通过微信公众平台、网站等新媒体，宣传武乡资源、推介特色产业、开展农产品预订预售，推动农村电商发展。一开始，大多数群众不理解在网上还能卖出农产品，更不相信能卖个好价钱。如今，"网络营销"在武乡遍地开花。

开微店，也是电商扶贫的一种形式。2016年8月，武乡县组织了一个微电商培训，许多村民参加了培训，并掌握了开微店的技巧。有一个岭头村，注册微店50多家，其中还有残疾人贫困户坐着轮椅完成了培训，并第一时间注册了微店。岭头村共有500口人，其中建档立卡贫困人口140人。以前，村里人大多靠种地打零工为生，后来由村领导牵头组建了岭头乡亲群、岭头村务公开群、岭头党建群3个微信群，"岭头新视界"微信公众号上线运营，全村近400人进了群。一号三群的建立，为发展微商打下了基础。两个月来，全村50多家微店销售收入近50万元。

电商扶贫的政策，吸引、鼓励贫困和残疾人员在网上开店创业，也鼓励了外出务工人员返乡创业。例如，村民赵阳（化名），大学毕业后回乡创业，2013年年底开办网店，帮助村民销售小米、土鸡蛋等土特产，让土特产搭上了电商快车。

2016年5月8日，首个云平台落户武乡，这将使武乡县的电子商务产业如虎添翼，具有标志性意义（见图4-14）。

图4-14　首个落户武乡的云平台

案例解析

　　武乡县的农村电子商务开展得有声有色，其成功经验体现在以下四个方面。

　　一是政府强力引导，从组织上为发展农村电商提供了保障。武乡电子商务进农村工作领导组，是一个有针对性的负责的组织，以指导全县电子商务进农村为工作性质，研究制定促进政策，协调解决具体问题。领导组下设办公室，负责具体工作的组织实施。没有这样的组织指导，发展农村电商就是一句空话。

　　二是重点示范，为农产品的网上流通做技术指导。农村落后，就落后在文化和知识欠缺上。电商再先进，也需要有人带头示范。农民相信实惠，没有实惠在先，他们不会贸然行动。为此，武乡县充分发挥示范农业产业化龙头企业、典型农民网商的带头引领作用，打造淘宝村、网店乡等具有鲜明特色的农村电子商务产业集群。以本县农业主导产业和特色产业为主题，促进农民开展"农产品、特色产品"网络销售。

　　三是电商扶贫，全民触网增收致富。对于贫困、残疾人员来说，开网店是再适合不过的了。因为开网店有政府资金支持，开网店见效也快，坐在家里就可以操作。武乡县不仅培训贫困人口，也扶持他们网上创业，同时鼓励外出务工人员返乡创业，引导本土电商企业和特色龙头企业给予产品、技术、岗位帮助，引进"扶贫购"模式和"以粮易货""以货易货"模式，带动贫困户网销自家产品。这是一种值得借鉴的农村扶贫模式。

　　四是培训人才，为农村电商注入活力。武乡县将农村电子商务人才培训作为新型职业农民教育、农村实用人才培训的主要内容。同时，对政府部门、涉农组织、大学生村官和创业青年等群体，也分层次培训。这样，不仅提高了农民的文化水平和电商技巧，也让有文化的知识青年拥有电商方面的专业技能。

● 河南内乡：油桃搭上电商快车

河南省内乡县，是著名的油桃之乡。近年来，积极发展电子商务，打造信息平台，吸引知名电商企业入驻。例如，杭州亿蓓网络科技有限公司等电商企业对内乡10万亩核桃基地、10万亩油桃基地、电商产业园基地拟选地址等处进行实地考察，最终在深入探讨内乡县电子商务产业发展方向后，亿蓓网络科技有限公司决定把"互联网+农业"总部注册建设在内乡。

与此同时，内乡县坚持政府引导、市场驱动、企业主体、应用主导的原则，从规划政策、宣传培训、平台建设、示范带动等多个方面积极推动县内企业电子商务应用，发掘交通、环境、资源等电商产业发展优势，为企业通过互联网拓展市场、实现产业转型升级助力。

1.县长做了网络代言

内乡是全国最大的油桃生产基地，10万亩油桃闻名省内外。但是，内乡地理位置偏远，由于信息不畅，好油桃困在境内，不是卖不出去，就是卖不上好价钱。为此，果农们一到果品收获季节就提心吊胆，担心出力不赚钱。县政府经过调研，决定引入"互联网+油桃"，用"众筹"的形式帮助果农网上销售水果。在县政府的决策下，内乡县与杭州常春藤公司合作发起了"聚爱赤眉油桃""赤眉油桃众筹"等爱心众筹活动，动员网民和社会力量认购贫困果农的油桃树，得到网友的大力支持。

为了提高公信力，县长亲自为油桃出售代言，用诚信的行动让客商放心。不管是客商，还是电商，县长都出具县政府的"油桃品质保证书"。这一举措，引起了媒体的关注，各大媒体纷纷聚焦报道；电商企业取得政府的背书，也积极跟进。初战告捷，以"油桃众筹"为标志的农产品上行，取得了成功，一年卖出100吨油桃，超出预期目标。

获得了经验以后，内乡县又一鼓作气，将这一模式推广到薄壳核桃、柑橘、菊花等特色农产品上，为农民打开电商销售模式的新思路，使更多农户尝到了现代农业带来的甜头。

2.网货对接为增收添保障

让电商走进寻常百姓家，才能真正搭起利民的平台，实现网上销售水果的目的。为此，内乡县开展电商企业、家庭农场对接活动，积极为本土电商企业和家庭农场、专业合作社牵线搭桥，实现本土电商企业和家庭农场、专业合作社的无缝对接。

而在此之前，电商企业和家庭农场、农民专业合作社之间，存在着这样一种尴尬的困局：一方面，家庭农场、农民专业合作社的农产品都采取"现场、现金、现货"的交易模式，采摘、运输、储藏、包装、销售成本偏高，导致增收困难；另一方面，本地电商企业却无产品可卖。怎样缩短买卖双方之间的距离，实现面对面沟通，减少中间成本，实现双赢互利，政府搭桥确实为他们解决了不少难题，做出了有益的尝试。例如，在县政府的关心下，南阳和内乡县本土的20多家电商企业与内乡师岗镇、赤眉镇等乡镇的家庭农场、专业合作社分别建立了合作关系。从农产品种植、采挖、质检、储存、筛选、包装、产品溯源系统建立、运输等环节电商企业都全程跟踪，并依托阿里巴巴、淘宝、京东等电商平台销售到全国各地。在电商企业、家庭农场对接活动中，一家本土电商还通过搭建跨境电商平台将内乡紫薯预售到东盟十国，向更多的合作社和村民展现了电商的无穷力量和魅力。

最"土"的农产品加上最"洋"的电子商务，撞出了耀眼的火花。在商务局的牵线搭桥下，电商企业和家庭农场、专业合作社对接合作，既有效破解了难题，实现互惠互利，又使农民对电商的认识得到了提升。

内乡县500多家家庭农场、专业合作社还与本土电商企业成功牵手，经营的产品涵盖了全县所有特色农产品，并强化了农产品溯源、产品包装等，辐射带动1万多户贫困户参与农业产业开发。

3.积极打造内乡电商创业孵化园

2015年9月，阿里巴巴集团旗下农村淘宝内乡服务中心开业，内乡电商创业孵化园也同时开园，这标志着内乡县揭开了融入"互联网+"时代、发展电商产业的新篇章，具有深远的里程碑意义（见图4-15）。之前，内乡县与阿里巴巴签约，成为南阳首个"牵手"阿里巴巴、发展农村淘宝项目的县，也是阿里巴巴集团和河南省内乡县人民政府在农村电子商务、内乡特色馆、电商人才培训等方面开展的深度合作。项目以电子商务平台为基础，通过搭建县、村两级服务网络，突破物流、信息瓶颈，解决农村买难、卖难等问题，实现"网货下乡"和"农产品进城"双向流通，让农民足不出户就能买到物美价廉的商品，并把农产品卖到全国。

阿里巴巴集团旗下农村淘宝内乡服务中心暨内乡电商创业孵化园位

图4-15 河南省内乡县的农村淘宝内乡服务中心

于内乡县北工业园区，主要由阿里巴巴农村淘宝内乡县运营服务中心、内乡特色馆、内乡电商创业孵化园、菜鸟物流仓储中心、合伙人培训中心等部分组成，目的是建设在国内行业具有一定知名度和较大影响力的电子商务平台，融信息流、商品流、数据流、资金流为一体，实现上述信息的综合、分解、协调、汇集，实现同城电子商务交易的信息交流、市场交流、物流配送、支付结算、售后服务等，助力内乡传统产业的转型升级和内乡经济新的腾飞。电商产业园可入驻电商企业300余家。孵化园的建成，带动了创业就业，推动了内乡土特产销售，促进了实体经济和电子商务的有机结合，使电子商务成为城乡居民增收的新亮点，切实构建起全民创业、万众创新的大通道。

为推进项目发展，内乡县成立了高规格项目领导小组，全面安排部署，多次召开推进会，强力通过电视、电台、报纸、微信及张贴标语、悬挂条幅等多种形式，强势宣传动员，营造出浓厚的社会氛围。内乡农村淘宝合伙人招募令一经发出，便得到了内乡创业青年的积极响应，线上、线下咨询报名者络绎不绝，短短十天时间，报名人数竟达4000多人，最终确定首批39名农村淘宝合伙人，并按要求迅速完成了县级运营中心和39个村级服务站的建设。同时，注重平台建设，大力建设内乡电商创业孵化园、内乡电商产业园，把电商作为招商重点，吸引更多电商企业和项目到园区发展，形成集聚效应，发挥规模优势。

在内乡县电商创业孵化园内，到处是一派繁忙的景象，每天做成四五百单生意，从事各行各业的入驻电商企业数十家，包括顺丰、申通、汇通、圆通等物流企业十多家，就业创业人员2000多人。

4.多方投入鼓励电商创业

在人员培训方面，县里不惜人力财力。全县电商培训"千人星火计划"已在2015年5月拉开序幕。内乡县委托国内知名电商服务机构培训电商人才，政府为学员买单，并为学员提供免费午餐。每次培训，都吸引了一拨又一拨心怀创业梦想的人。通过密集培训，内乡电商大发展的基础会越来越坚实。

只需拎个包，就可以实现电商创业梦想。零成本、低门槛，免费培训，如此优厚的条件，激励了有就业创业意愿的困难群众纷纷"触网"。自从开展电商扶贫以来，已通过多种形式培训电商学员1200余人次。经培训学员宣传带动，内乡电商热、全民触网已呈燎原之势，注册网店2000多个，有2500余人实现电商创业，提供电商就业岗位3000多个。

在资金支持上，内乡县从扶贫贴息、小额信贷、信息服务等方面，全方位、多角度帮助贫困群体、残疾人从事电子商务，优先安置贫困户到电商产业园落户创业；广泛开展贫困户电商技能培训工作，开展贫困群体专题培训，提供"雨露计划"资金补助；鼓励电商龙头企业安排适当岗位，帮助低收入、残疾人群体实现就业。

 案例解析

内乡县的电子商务，以卖油桃为起点，尝到了甜头后，便全力推进，先筑巢引凤，后普及网民，一步步把电商做大做强，得益于以下经验。

一是全力打造电商平台，迅速建成一批电子商务专业园区。加强创新孵化，建设电子商务孵化中心，助推创业创新。补齐物流短板，组织实施仓配一体化、城市统一配送、农村电商物流和跨境电商物流等专项工作，建立适合电商迅速发展的物流快递体系。

二是强力引进优秀企业。内乡县制定引进电商高端人才的优惠政策，鼓励企业从县外引进高端人才。建立行业龙头电商企业信息库，引进一批有影响、有实力的电商企业及物流快递等配套服务企业。筛选几家基础好、潜力大的本地电商，培育壮大，形成电子商务发展的骨干中坚。

三是精心设计电商内涵。重点推进电商进农村工作，实现县、乡、村三级电商体系和物流快递网络全覆盖。重抓跨境电商，拓展电商应用，重点推动电子商务在工业制造、旅游文化、中医药等领域的应用。

第五章

大有作为的农村淘宝

　　作为县级以下的基层电子商务，农村电子商务通过网络平台嫁接各种服务于农村的资源，拓展农村信息服务业务、服务领域，真正成为遍布乡、镇、村的三农信息服务站。推进电商下乡工作，就是让电商落户乡村。乡村电商的服务对象，主要是农民。当农民不仅是农产品的生产者，也能成为网络平台的销售者时，电商下乡的目标才算达到了。如今，农民开办淘宝店消费和购物的新时代正在来临，前景广阔、大有作为。

第一节 农村淘宝的兴起

农村市场是我国市场经济中不可缺少的一部分，重要性不言而喻。但农村地区大多处在偏远地方或深山区，交通是其瓶颈，通信是其痛点。但是，随着国家加大基础设施的投入，物流、网络覆盖等问题，正在逐步解决。近几年，国家扶持农村电商发展的政策也频频出台，农民正赶上信息时代的快车，天时、地利、人和齐备，涌现了许许多多淘宝村。

● 农村淘宝的发展现状

时至今日，网络这个信息时代的新生事物，在广大农村地区已经不再陌生，农村网民越来越多，对网络的使用也越来越广泛。特别是智能手机的开发和廉价化，让农村网民的年龄段往上拉长，这为电商下乡打下了基础。由此，农村地区群众对网上购买行为及农产品的网上销售活动，也容易掌握和接受。

在一些最先引入电子商务的农村地区，农民依托本地资源优势，自发地加入电子商务，通过第三方平台发布销售信息，出售农产品，取得了成功，形成了一定的规模后，又产生了淘宝村，为政府发展电商提供了参照，功不可没。

权威统计数据显示，在全国已经建成了26万个电商村级服务点，淘宝村、淘宝镇不断涌现（见图5-1）。阿里巴巴、京东、苏宁易购等电商巨头在农村的刷墙大战和网点争抢更是将农村电商"烧"上了天。

但是，在现阶段，国内的乡村一级电子商务的发展仍然处在初级阶段，加上中国由上到下实施的农村电子商务没有现成的模式，农村网民的特点、基础设施的制约与建设成熟的城镇进行对比仍然存在一定的差异性，实现农村电子商务的全面发展，仍然要解决许多问题，需要投入大量的人力、物力与财力，并需要获得社会各方面提供的保障。

省	县	阿里电商GMV排名	淘宝村数量	全国综合实力百强县排名	全国县域经济百强县排名
浙江	义乌市	1	134	12	9
江苏	常熟市	2	40	4	4
浙江	永康市	3	74	—	66
浙江	慈溪市	4	78	6	6
浙江	海宁市	5	59	22	22
福建	石狮市	6	22	16	41
江苏	睢宁县	7	92	—	—
浙江	桐乡市	8	28	—	37
江苏	昆山市	9	9	1	1
福建	晋江市	10	50	8	5

图5-1 2018年淘宝村数量最多的十个县（市）

● 发展农村淘宝的优势

发展农村淘宝的优势，概括起来就是：方便买、方便卖、实惠多、留人才。

一是方便买。通过农村淘宝服务站，村民们可以足不出户，就能买到比较实惠的商品。许多农村地区的集市和普通小卖部中，往往充斥着大量山寨货，稍微质量好的价格又比城镇要高不少，而村民想购买家电等大件商品，还得跑远路到镇上或县城里去，有许多不方便。而农村淘宝服务站则能够帮助农民朋友解决这些买的难题。

二是方便卖。通过农村淘宝服务站，把村里的农特产品卖出去。一个村就像一个大淘宝店一样，让城市居民欢迎的农副产品，有了更便利的推广和销售渠道。

三是实惠多。且不说网货比实体店的货普遍便宜，以购买农资为例，以前买农资产品，往往都是通过村服务站分销点等买，价格没商量，品类也少，没得选，从淘宝网上买，很多都是厂家直销，除了选择多，更重要的是便宜多了。

四是留人才。实现了买卖的便利后，农产品和农副产品加工等均会被带动大力发展，有文化的年轻人在本村就能有更好的就业和创业条件、更好的收入，不用再背井离乡进城务工了，孩子和老人也能得到更多的陪伴和享受更幸福的家庭生活。

● 发展农村淘宝的劣势

农村淘宝在发展过程中，仍然面临着一些问题，需要在发展中逐一解决。

一是物流配送问题。农村基本上处于偏远的地区，村村户户比较分散，一个派件员带件派送，需要很长时间才能送到村民手中，耽误了不少时间，导致派件成本提高。快递公司承受不了这样的成本，难以为继。相比之下，大城市交通方便，配送成本相对较低，配送效率更高。所以说，物流问题是农村电商发展中最大的瓶颈。

二是就业条件问题。农村就业条件不太好，很多有文化的年轻人大批量离开农村，前往发达地区发展，农村的一些留守儿童、老人，购买能力较弱，并且大部分不习惯甚至不会在网上购物，这无疑制约了淘宝的发展。如果这些熟悉网络的年轻人回家创业就业，农村市场自然就增加了更多的购买力。

三是电子支付问题。网上支付不是过去的一手交现钱一手交现货。虽然农村淘宝的服务站提供代买代卖，似乎已经解决了这个问题，但对那些想自己网购，又不懂怎么支付的人来说就是个问题。

四是人才缺乏问题。发展农村淘宝，当然离不开人才，没有人才，农村淘宝就是一句空话。许多地方的年轻人都去大城市工作，如果农村想把产品卖出来，就需要一些懂操作的人来做，如产品包装、营销、推广、美工设计、沟通、售后等，这些都需要专业的人来做，人才的缺乏制约着农村电商的发展。

● 制约农村淘宝发展的因素

一是缺少淘宝消费习惯。虽然越来越多的农民接受了网络，但总的来说，农民接触网络的时间短，利用淘宝平台销售和消费的意识还没有完全形成。在一些年龄较大的农民的潜意识里，眼见为实的购物方式更重要，习惯于赶集、凑热闹式的线下购物。这些人对价格敏感度高，品牌忠诚度相对较低，需要长期努力培养新的消费习惯。

二是农产品质量难以保障。农村的生产方式主要为粗放式的家庭作坊，缺少统一的质量标准和质量安全监督体系，对产品质量的把控，依赖自觉性。没有保障的农产品质量，无疑难以取得消费者的持久信任。解决这个问题，需要农村生产方式的进一步改善，需要多部门的共同努力。

三是售后服务体系不健全。农村淘宝体系中，售后服务是一大短板。农村地区的售后维权意识相对较弱，嫌麻烦或是不知道怎么进行售后成了症结所在；同时，售后渠道也不通畅，一般要到乡镇才能享受得到。

四是网络基础设施不完善。虽然网络基础设施问题受到政府的重视，并得到改进。但是，农村地区网络的终端设备还未得到优化，网络信号差、速度慢，仍然难以满足淘宝需求。网络基础设施的不完善，直接影响了农民的使用网络程度。

此外，物流配送问题，人才缺乏问题，也是制约农村淘宝的重要环节，虽然正在改善，但仍然需要一个较长的过程。

● 增强农民淘宝意识的途径

农村淘宝，利国利民，但要在农村形成人人参与淘宝的局面，提高淘宝消费水平，还需要有关部门努力做好宣传推广和示范工作。

一是加大宣传推广的力度。政府部门要运用网络、广播、电视等媒体进行宣传，同时采取在乡、镇建立起农村淘宝宣传组织机构，定期到田间向农民群众介绍电子商务方面的基本知识，让其理解投身淘宝领域的诸多好处，更好地调动他们参与的主动性。

二是实施农村淘宝试点工作。以村为基本单位，对宣传和推广、应用农村淘宝成绩显著的村庄，由政府主管部门进行相应的物质奖励和精神奖励，并以此为成功经验向别的地区加以推广。

三是奖励农村淘宝企业。从政府的层面上积极鼓励农业企业实施农村淘宝工作，尤其是要对那些成绩突出的农业龙头电子商务公司进行物质与精神上的奖励。

第二节 农村淘宝成功案例

农村电子商务与农村淘宝的本质是一致的，区别就在于，前者更集中化，后者更个体化。近年来，党和政府加大了对农村电子商务的投入，使农村电子商务和农村淘宝的飞速发展成为必然，并涌现了大批农村淘宝店和网店创业者。下面的成功案例，将让我们看到，淘宝给农村经济的发展和转型带来的巨大变化。

● 浙江青岩刘村：中国网店第一村的变迁

青岩刘村是浙江省义乌市的一个行政村，村里家家开淘宝网店，被称为中国网店第一村（见图5-2），这个原本仅有1500名村民的村庄，已经容纳了8000多人，聚集了来自全国各地15000余名电商，3000多家网店，每天向国内外卖出3000多件商品，每年的线上成交额超40亿元。

图5-2 中国网店第一村——青岩刘村

1. 开网店，总有第一个"吃螃蟹"的人

青岩刘村农村电商的起因，并不是自上而下的政府号召，多是农民为了开辟市场、打开销路，自发产生的市场行为。在青岩刘村，马章良（化名）是最早涉足电子商务的村民，是第一个"吃电商螃蟹"的村民。2002年，他开了本村第一家网店，2011年正式成立电商公司，经营着2个淘宝店、2个天猫店、3个阿里巴巴店、1个京东店铺，其中仅天猫旗舰店1年的营业额就达到1700万元。就是这样，他还不满足，继续为跨境电商做准备，2018年全年营业额实现了1个亿。

还有一位叫周进杰（化名）的年轻人，原是金华市发电站的职员，在2008年6月正式辞职，带着3万元来到青岩刘村开网店。目前这位千万富翁拥有着8000平方米的货物仓库，货架上整齐排列着他经营的小商品。在办公区，几十个和他一样年轻的员工在忙着各自的工作。

与其他偏僻村庄不同的是，青岩刘村交通便利，物流设施也较完备。政府大力扶持农村电商后，基础条件进一步完善，物流、网络、包装、招工和第三产业逐渐形成了集聚效应，这为本村农民开网店提供了很多实实在在的便利，并且很多潜在的优势条件还在逐渐形成。优越的条件和诸如马章良、周进杰这样的先行者创造的财富神话，打动了无数年轻人的心，吸引了一批又一批的年轻人满怀创业奋斗的激情慕名而来。义乌90%以上的大网商都是从那时走出去的。

2. 歪打正着成就电商

谁也没有想到，当初青岩刘村开始做淘宝网店，并不是因为有先见之明，也不是因为政府命令，而是因为一个可笑的理由：想办法把空房租掉。

2008年，青岩刘村篁园市场的最后一个行业——日用品区要搬迁至7公里外的国际商贸城新市场里，过去在篁园市场做生意的商户要集体搬走。这使得青岩刘村的空房子越来越多，怎样把空房子租出去，让它发挥作用成了村里的头等大事！

人们开始动脑筋想办法，有人提出像义乌其他街道一样，搞专业街，什么纺织品专业街、围巾专业街，等等。只有村干部刘金亮（化名）的想法与众不同，提出搞电子商务。对于电子商务，大多数村民的认识程度，不外乎就是当时租在青岩刘村开淘宝店的几个年轻人。人们想：把这些房子都用来搞淘宝能行吗？谁心里也没有底儿。

就在大家犹豫不决的时候，刘金亮专门请来了义乌工商学院的院长帮他"鼓吹"电子商务。院长天南海北地讲了一番电商的前景和好处，人们最终接受了刘金亮的建议。决定一作出，刘金亮就成了青岩刘村发展电子商务领导小组副组长，村长（村主任）任组长，当时的任务目标就是把村里的房子租出去，价格租好一点。

就是这个决定，在未来短短两三年，大大地改变了村子的面貌，这是所有人，包括刘金亮自己也始料不及的。

3.抱团串货使淘宝越做越大

做电子商务，青岩刘村这个小村庄除了背靠义乌小商品市场，还有什么优势吗？想来想去，除了附近有个江东货运市场外，刘金亮找不到其他优势。天时和地利都没有，只有靠人和了。

调查之后，刘金亮发现，做淘宝的大部分是20来岁的年轻人，文化一般，没有自己的商务圈子，缺少资金，进货渠道不多。没有优势，就创造个优势出来，刘金亮想。但是，怎么创造呢？他又召集大家聚在一起交流，讨论来讨论去，最后还是刘金亮集中了大家的观点，得出了新点子：抱团串货。

抱团串货，就是集中采购货物。例如，这种商品你在进货上有优势，可以用低价拿到好东西，那么村子里卖这种产品的进货全部归你，进货、拍照、文案、美工都由你做好，商品进来之后，大家一起卖。一家进货大家卖，进货量大了，就可以拿到更低的价格。你有你的优势进货渠道，我有我的，他有他的，大家放在一起共享，慢慢的，整体上的优势就大了。和单打独斗相比，抱团就是一个组织，货源的质量和价格都有优势，在淘宝这个评价为王的地方，名气也就会渐渐响起来。

青岩刘村房价便宜，抱团串货买卖兴隆，这个消息在义乌不胫而走。到青岩刘村来做淘宝的人便渐渐多了起来。卖家多了，需求零散，有些数量小、批发商用厢式货车来给淘宝卖家送货的方式，不方便就渐渐显露出来。刘金亮这时又想出了新主意，他要求批发商在青岩刘村租房子开店——"网货超市"。网货超市开出之后，很快红火起来。批发商把货物都放在货架上，卖家根据自己在淘宝上的接单情况，提着篮子到超市货架上去选货，卖出多少进多少，选好之后扫码结账。要是遇到大单子，批发商会单独给卖家送一次。

这样一来，淘宝卖家不用囤货，接了单子再到村里的网货超市里取货，只要你愿意，在青岩刘村租间房子带台电脑就能开店。开淘宝如此简单方便，效益也好，来开淘宝店的人自然也就越来越多了。

 案例解析

青岩刘村之所以成为中国网店第一村，主要原因是他们敢想、敢做、敢拼。淘宝网店萌芽于敢于第一个"吃螃蟹"的人，做大做强则得益于村干部的超前意识。

青岩刘村的淘宝，成于优越的创业环境。早在2007年、2008年，他们就紧紧抓住电子商务模式，提供了非常好的创业环境，机会多，门槛低，并提供周到的创业服务，自然吸引四面八方的人来创业。

网货资源丰富也是青岩刘村发展淘宝网店的重要原因。中国网店第一村能迅速发展起来，拥有着天然的优势就是义乌小商品集散市场。义乌小商品市场是被联合国和世界银行列为全球最大的小商品批发市场，面积有550万平方米，有180多万种的商品，出口到210多个国家和地区。巨大的网货资源是做电子商务的有力支撑。

青岩刘村淘宝网店蒸蒸日上，是大众创业、万众创新的典范，是线上线下融合的缩影。他们实行了产业、人口、要素、城市、社会的融合发展，创造了一个农村城镇化的新模式、新途径。不过，青岩刘村的电商模式也面临一些挑战，如网店规模普遍较小，产品同质化程度高，中高级人才不足等。所以，他们进一步要做的，是提高产品创新能力来增强网货核心竞争力、打造集中集约仓储释放业态发展潜能、积极对接高校资源扩大人才储备、强化金融服务，加速项目与资本有效对接等。

● 福建尚卿乡：由点带面谋发展

福建安溪县尚卿乡，是"中国藤铁工艺第一乡"（见图5-3），在2014年12月"第二届中国淘宝村高峰论坛"上，又被授予全国首批淘宝镇。而阿里巴巴《2015年中国淘宝村研究报告》中，又将尚卿乡的福林村、翰卿村、翰苑村、新楼村、尤俊村、灶坑村、灶美村7个村评为"淘宝村"。

图5-3 中国藤铁工艺第一乡——尚卿乡

根据阿里巴巴研究院的定义,"淘宝村"是指大量网商聚集在某个村落,活跃网店数量达到100家以上,网商数量达到当地家庭户数的10%以上,且电子商务交易规模达到1000万元以上,形成规模效应和协同效应的农村电子商务生态现象。而一个镇、乡或街道符合"淘宝村"标准的行政村大于或等于3个,即淘宝镇。

淘宝镇尚卿乡电子商务以藤铁工艺产品和特色农产品为主,全乡淘宝从业人员超过6000人、开设网店达7000多家、网上年交易额3亿多元,农民人均纯收入1.5万元。

1. 工艺之乡搭上淘宝快车

尚卿乡村民走上了淘宝之路,起源于一个叫李江兵(化名)的村民。李江兵是尚卿灶美村的一个年轻人,2007年辍学回家,跟父母学做藤铁工艺品。因为喜欢上网,又看到家乡有这么好的资源,就尝试着开淘宝店,先后开了两家,分别经营茶叶和藤铁工艺品。两个月之后,他发现工艺品的销量比茶叶要好得多,于是不再卖茶叶,一心卖藤铁工艺品。

李江兵开网店成功的消息,一传十,十传百,越来越多的灶美村村民学习他的经验,开始买电脑、接网线,正式加入淘宝行列。在他的带动下,全村家家户户开起了淘宝店,一共经营了1000多家网店。2013年12月,在"首届中国淘宝村高峰论坛"上,灶美村成为全国首批20个淘宝村之一。

灶美村的淘宝生意,就像星星之火一样,迅速向周边村庄蔓延开来,引起人们争相学习。同乡的翰卿、翰苑、新楼等村的村民,也纷纷加入淘宝大军。在翰卿村，一些赋闲在家的村民率先搞起了"淘宝店"，一些在外务工的年轻人和大学生，看到开网店生意红火，也陆续返乡。廖进东原来是读电子商务的大学生，看到家乡的藤铁工艺品通过网络卖到全国各地，订单源源不断，就辞掉工作，联系本村另两名打工青年返乡共同创业。2011年，三人合作在自己家里购置办公桌、电脑，并创办了"老铁匠家居"网店，第一个月，就有了近3万元的销售额。之后，逐渐扩大经营规模，到更多的电商平台入驻，截至2018年，这个团队已发展成员60多人，月销售额超过百万元。

在这些先进者的示范下，邻近的新楼村也有人跃跃欲试，尝试电子商务。有一家藤铁工艺品厂厂长，因2009年出口量萎缩，市场拓展不开，订单量一再下滑，看着仓库里积压的工艺品越来越多，蒙上了灰尘，心里十分焦急。看到有人开淘宝店销售产品，他也开了一家网店，专心做起电商，从刚开始的每月收入百来元，一直做到月收入3000多元。

正是由于这些人的尝试和开拓，形成了轰轰烈烈的淘宝之势。一年之后，灶坑村、翰卿村、翰苑村、新楼村、灶美村又入选全国第二批淘宝村，尚卿乡也因此成为全国首批位列第五的淘宝镇。

单个淘宝村力量相对较为薄弱，但当一个乡镇辖区内出现3个及以上淘宝村时，则意味着当地已形成一个中等规模产业集群。由于乡镇从事工商业人口众多，服务体系更加完善，分工更加细化，因而更有利于当地网销产业壮大。

尚卿乡已有各类藤铁工艺企业300家，规模以上企业13家，各类加工点400多个，全乡70%以上的劳动力从事藤铁工艺及相关配套行业。规模定制、柔性制造已成尚卿乡藤铁工艺产业的新特点，电子商务改变原来"设计—生产—销售"的产业链，转变为"销售—设计—生产"的产业模式。

2. 交通不便却有神速快递

尚卿乡本是一个偏远乡镇，离县城超过40公里，距泉州市区近百公里。尽管没有地理优势，但借助了网络的力量，依然将"淘宝经"念得有声有色。

在灶美村的一个物流集散中心，送货的车每天不断进出，工作人员将一件件快递物品装上车。这些快递物品其实就是灶美村及附近村庄的藤铁工艺品。在每天的黄昏时段，是快递物流公司最忙碌的时候。每天都会有10辆左右的卡车，载着上千件货品驶出村庄，发往全国各地。

灶美村物流集散地的火热场面也是其他几个村庄很好的缩影，在村庄的每一个角落，人们都会看到村民在利用网络平台，开辟藤铁生意，把销售的市场拓展到全国各地每一个有需求的角落。

3.不甘现状谋划跨越发展

开网店，是一个成本小、收益高的生意，这对尚卿乡群众来说，是一种非常灵活的就业渠道，一方面解决了一部分赋闲人员的就业问题，另一方面促进了地方经济发展，为村民致富找到一条新路；而那些返乡农民工、返乡大学生的加入，也使得尚卿乡发展淘宝村、淘宝镇有了更多的支撑力量和发展的底气。

"在外东奔西跑，不如在家淘宝。"这是每一个淘宝村随处可见的标语。随着网店遍地开花，尚卿乡已有超过90%的大学生返乡"触电"创业，为藤铁工艺产业注入了新的活力；在外务工的村民也纷纷返乡，妇女也都有了工作——既可在家通过淘宝挣钱，又可在旁边工艺品厂上班，下班后还可做饭，照顾老人和孩子，一举多得。

为了吸引更多农民回乡创业，近年来，尚卿乡在做强藤铁工艺品电商的同时，还着力构建农产品电子商务新平台，开辟特色农产品销售新渠道，将当地的茶叶、茶油、蜂蜜、蜜柚等特产在线上推广开来。为此，他们计划加大对电商人才的培训力度，引导经营者树立品牌意识，寻求经营项目多样化和差异化，让淘宝镇实现更大飞跃。他们还将进一步整合资源，完善电商公共基础设施建设，把尚卿乡打造成中国农村生态淘宝镇。

4.由点及面向周边乡镇辐射

尚卿乡藤铁工艺品的线上生意，引起了媒体和其他乡镇的注意，尤其是附近乡镇的村民，都产生了如法炮制的想法。于是，一个庞大的县域内淘宝集群产生了。一起围绕生产商、供货商、网店、物流公司、网站制作公司、产品摄影和图片制作服务商、广告公司、包裹包装材料公司等，共同组成一条完整的电子商务产业链；新旧淘宝村也加快了村里基础设施建设，如修建绿化带、建设主干道、光纤入户等。

同时，为保障淘宝村和淘宝镇的发展，尚卿乡建设了淘宝镇示范基地，将已呈现规模化生产的电子商务大小企业整合到一处，并成立网上虚拟居委会，规范网络交易、监督价格与质量。这项措施有利于扩大藤铁工艺企业的生产厂房规模，给电子商务提供更好的发展环境，推进全乡藤铁工艺产业集群式发展。

不过，做淘宝生意的人多了，淘宝村也增加了，带动了周边乡镇和村庄也纷纷模仿和跟进，人们在看到淘宝村、淘宝镇巨大前景的同时，也发现了在发展过程中出现的一些烦恼。例如，几个村子全部发展一种产业，难免会遇到商品同质化问题，而产业缺少正规管理及合理引导是无法长久发展的，等等。为解决这些问题，实现电商长足发展，2014年，安溪县政府出台了《关于促进家居工艺文化产业发展的扶持措施》等一系列政策措施，极大地助推了藤铁产业的集群式发展。

 案例解析

在网络化的今天，消费市场已经模糊了一、二线市场的边界，没有了城乡的差别。在制造业、商贸业暂时还不发达的农村地区，发展电子商务，构建密如蛛网的淘宝村已经成为农村经济发展的新模式。在安溪县，淘宝村整体的电商氛围已经形成。从个体创业到成为一种现象，甚至成为规模化运作，他们的成功为其他地区树立了一个学习的标杆。

不过，单纯靠一家人与邻居帮忙的发家致富方式未必能保持长远。还有，今天新设计一个产品样式，明天淘宝网上便会出现千千万万有细微差别的产品，而价格可能还比原样低上10元。这些草根电商在发展当中进行价格拼杀、产品样式的模仿等是产业发展的必经阶段。但这样的设计抄袭与价格厮杀的结果，只能是订单量大了，赚的钱却少了。所以，对于尚卿乡而言，最重要的还是得探讨出一种竞争模式，防止抄袭与拼杀价格等恶性竞争。在经历了几年的淘宝村发展后，他们主要做的，不应再是价格的厮杀，而应是生产出小而美的差异化产品。

为了防止村民之间进行恶性竞争，尚卿乡专门建设了淘宝镇示范基地，将已呈现规模化生产的电商企业整合到一处，并成立网上虚拟居委会，规范网络交易，监督价格与质量。

尚卿乡大部分规模企业转做电商，仍立足于卖产品，最大的困难仍是在销售上。如果照搬之前的路子，只卖库存，是行不通的。要找到突破口，寻找到龙头企业的优势。而这个优势就是龙头企业的服务平台。当规模企业的品牌打出去之后，如何做好服务平台、做好物流与售后服务就应该成为接下来的重点。

● 福建培斜村：大学生回乡成就淘宝街

福建省龙岩市培斜村，距市区20公里，全村有2000多亩竹林、1500多亩茶园，是闽西远近闻名的"竹茶之乡"。20世纪90年代，培斜村还是省级贫困村，因为太穷，外面的姑娘都不愿嫁到村里来。如今，培斜村却变成全国闻名的"淘宝村"，被称为福建淘宝第一村（见图5-4）。近年来，培斜村大力发展淘宝产业，取得了令人瞩目的成就，让人刮目相看。

图5-4　福建淘宝第一村——龙岩市培斜村商业街外貌

1.培斜村淘宝第一人

说起培斜村淘宝，不能不说起华勇良（化名），他可是福建淘宝第一村的"开山鼻祖"，没有他，这个淘宝村不可能成长得这么快。

2007年，从浙江农林大学毕业的他，是一家国内知名的羽绒服生产商的雇员。到了2010年，干得好好的华勇良，突然提出辞职回家创业的想法。这让身边的人很不理解，包括他的父亲。但父亲拗不过他的执着，同意给他一笔创业基金，交由他搞淘宝。从此，华勇良开始了具有非凡意义的淘宝尝试。

刚开始，他不能下太多的本钱，什么事情都要亲力亲为，大到看货、进货，小到打包、贴单。因为货单少，快递公司都不肯派人来这山村收件，他也只好自己每天把快件送到附近的快递公司。这样做，一为探探路子，二为节省成本，三为积累经验。虽然第一年销售不过四五万，但毕竟从实践中学到了不少知识和经验，为进一步做大做强打下了基础。就这样一步步积累，如今华勇良已经注册了自己的公司，还在更高级别的天猫商城上开了属于自己的网店。不到3年的时间，他卖的"波司登"羽绒服货值已超600万元，销售的竹制品也超过200万元。

在他的影响下，村子里有了第二个"吃螃蟹"的人——余金亮（化名）。早在读大学的时候，余金亮就开始了自己的淘宝创业计划，别人毕业忙着找工作，他却忙着做自己的生意，只用半年时间，就跟自己的合作伙伴销售了近百万元的竹制品，可谓一炮打响。

2.村干部看到了商机

1997年，为了改变培斜村的落后面貌，村干部带领村民发展竹凉席产业，形成了一定的产业规模，并统一注册了"天然"商标。继最初的麻将席之后，产品又增加竹条席、竹片席等多个品种。此外，村里还发展茶叶产业，采用了"公司＋农户＋党支部＋合作社"的模式，很快成为村里的另一支柱产业。

虽然产业有了，但培斜人的危机感并没有消退，因为每个产业都有周期问题，有兴盛，也有衰落，有高潮，也会有低潮，这是经济规律，竹凉席也一样。所以，在继续发展竹凉席的同时，他们又在寻找新的经济增长点。以往，他们用的是批发路子，企业利润低不说，还要经过中间渠道，层层加价，到了消费者手里，价格就不便宜了，两头都没得到太多实惠。自从华勇良等一批年轻人通过淘宝卖凉席之后，村干部就想，能不能学习他们，让全村人都把竹凉席和茶叶搬到网上去卖？

可是，要走淘宝之路，就需要会淘宝和愿淘宝的人，怎么吸纳人才呢？村干部思考了许久，把眼光最终放到村里的大学生身上。培斜村虽然人口不多，但外出上学的大学生有三四十个，他们多为独生子女，不少家长希望他们回到家里创业。村里的竹茶都是自己的，年轻人思想活，文化水平高，如果能把这两种产品放在网上卖，全中国就都成了市场。同时，也为这些大学生提供了一次就近创业的机会。

为了把大学生留在家乡创业，村里投资建起一条可容纳100家商户的淘宝街，鼓励他们采取"网店＋实体店"的模式经营本村的两大产品，并实行一年免租、竹凉席和茶叶生产厂家先供货后收款等优惠措施，这些优惠措施真的把大学生留住了，连周边村的一些大学生也加入了进来。

其中，读电子商务专业的余金亮，是最早回乡入驻淘宝街的大学生之一，通过网络渠道直接销售竹凉席，产品一出厂就直接送到消费者手里，不存在中间环节；而几十家竹凉席厂就在村门口，要什么、要多少可以随时去拿，不存在断货问题。

网上下单和上门服务的淘宝形式，吸引了全国各地的消费者网购竹凉席，在竹凉席销售旺季，仅余金亮的网店就能销售4000件竹凉席，最多一天卖出170多件。此外，余金亮的网店，还销售创意DIY杯子等产品，在竹凉席销售淡季可弥补营业额不足。他的网店月营业额已达70万元，并注册了公司，在淘宝商城上开了店。

培斜村每年仅竹凉席一项，在网店的销售额就达1000多万元。培斜村已有淘宝实体店20多家，经营网店150多家，从业人员250多人，约20名本村大学生毕业回乡创业，还带动了40多名外地电商人才前来开店，经营范围也不断扩大。经营范围除竹凉席和茶叶，还涉及汽车用品、创意DIY杯子、服装等，另有包括经营床上用品、竹木工艺品等在内的50余个商家有意进驻。此外，已有多家快递公司入驻培斜村，每天定时在村里收件，福建淘宝第一村由此诞生。

村里还决定投入1500万元建设乡村休闲旅游项目，游客可到淘宝街的实体店购买旅游纪念品，价格和网店一样。

 案例解析

培斜村曾经以出产竹凉席和茶叶而驰名，而淘宝又给了它一次脱胎换骨、跨越发展的大好机会。

机会总是给有准备的人，培斜村跟淘宝结缘，并被推上了淘宝村的地位，他们的成功，既与他们艰苦创业的奋斗精神密不可分，也与他们解放思想、敢闯敢干的闯劲密不可分。

一台电脑，一根网线，产生的"培斜模式"，在改变培斜村面貌的同时，也提供给我们一个农村发展的新路径。随着工业化和城镇化浪潮的汹涌而至，农村的年轻精英在不断外流，如何让"农二代"重返故乡，电商创业可谓一剂良方。当然，在农村发展电商，还需要其他诸如交通便利、网络便捷等基础条件。

培斜村的主打商品是竹凉席和茶叶。下一步，他们可以考虑销售当地农副产品，并把电子商务与旅游产业、竹茶产业更紧密地结合起来，继续抢占发展先机，将会同样大有作为。

● 广东军埔村："中国淘宝村"的传奇

军埔村，位于广东省揭阳市锡场镇的西北部。2013年12月，在"首届中国淘宝村高峰论坛"上，军埔村就被授予"中国淘宝村"称号。因为这个不到3000人口的村庄，在两年的时间里，已开办了3000多家淘宝店，月销售额超过1.5亿元，这堪称一个奇迹。

1. 落后村的转变

过去，军埔村与其他农村并没有多大区别：春节一过，年轻人不是出门求学就是外出打工，村子里空荡荡的，只留老人和孩子，守着几亩田地。揭阳是粤东地区人口最多、面积最大的市，却也是本省人均GDP最低的市。在农闲时节，这里赌博成风，甚至老人和小孩也参与其中，玩六合彩，玩赌博机，在网上玩赌博。除了赌，还有乱，体现在社会秩序乱、社会治安乱、交通秩序乱等方方面面。

不过，锡场镇素有经商的传统，也有不少人在做买卖，企业也不少。工业主要以食品、食品机械、五金不锈钢为主，当年还曾被广东省科技厅评定为"食品及食品机械"专业镇。然而，这个专业镇在发展过程中，很快就从高峰跌落下来——因为经营理念落后、管理模式滞后和产品档次较低等问题非常突出，产品的销路日益狭窄，产业逐步没落。锡场镇的昔日辉煌不再，经济陷入低潮。

正因为经济落后，社会矛盾越积越多，大家空闲时间也多，往往针对一点问题都会抓住不放，越级上访，到处投诉。军埔村成了问题村，一提起就让人头疼。

而这一切，却因为几个年轻人带头搞起了淘宝店，发生了根本性的变化。

2012年的下半年，军埔村的许四东、黄时家、许兵峰等（均为化名）18个年轻人，从广州打工回到军埔村，陆续开起了淘宝店，起了带头示范的作用，从而使这个村子悄悄发生了变化：宽阔清洁的智慧大街马路旁，是一排排整齐的小楼，各家各户都将自己的小楼首层用作店铺和仓库，年轻人坐在电脑旁打理淘宝店生意，年长者把货物打包装箱，一家人忙得不亦乐乎。

从第一批返乡的年轻店主创业以来，军埔全村已有400多户、2000多人投入网上销售活动，开设淘宝网店3000多家、实体店200多家，月交易量约90万笔，月成交金额1.5亿元。网上销售的主要产品是服装、自行车、皮具、电器、五金、玩具等。2013年12月27日，阿里巴巴研究中心、中国社会科学院信息化研究中心为军埔村授予"中国淘宝村"牌匾（见图5-5）。

图5-5 广东省揭阳军埔电子商务村外貌

2.淘宝引爆时装产业热潮

在军埔村智慧大街的主干道上，300多家经营网货批发的实体门店一路延伸。数千家看不见的网店，每天都来到对应的实体店取货、发货，充当分销代理。而当实体网批店的库存见底时，周边的服装代加工厂又开足马力，源源不断供应新款。

淘宝为军埔村带来的不仅仅是经济上的发展，更重要的是直接带动了全村劳动力的就业，也引领了周边群众创业就业。淘宝生意越来越红火，新开网店的人也越来越多。从业规模、网上销量，这些以前看得见、算得准的数据，却变得看不见、算不准了，因为从业人数和销量总是在悄悄增长，无法统计出一个具体数字。这就是作为淘宝村的军埔村，从当初的乱村、穷村，变成了富村、忙村，发生了翻天覆地的变化。

在军埔村带动下，锡场镇其他村和新亨镇的群众也开设了上万家网店。锡场镇华清村有一位青年到军埔村"偷师"取经，随后做起了T恤、短裤等服装的网络批发生意。不久，他的"爆款"赢得一位江浙客户一次性拍下2.5万件的订单。

3. 网店营销模式不断创新

过去，军埔村80%的网店店主创业初期选择回本较快的青少年服饰，但是，自从两家专门销售女性护肤品和时尚女装的网批店在军埔开业后，情况就发生了明显的变化。这两家新开业的网店，瞄准女性消费群体，一个卖护肤品，一个卖女装，经营的是中高档产品，并凭借"人无我有"的营销模式，收到了出人意料的结果。

虽然两家网店均只有一间格子铺大小，一款小小的进口护肤膏，或一款时尚服装，可以在一天内达到上万的惊人销量。其中的护肤品网店，由于掌握了第一手货源，有时货还没到就已被预订一空。在营销方式上，它也与其他淘宝网店主不同，是借助微信平台挖掘客户。店里的客服人员，每个人都发展了数量可观的独立客源，最多的微信客户达5000多个。当然，怎样利用微信跟客户沟通，取得信任，就必须依靠诚信经营、用心服务。

在数量众多的服装网批店里，经营男装的数量有不少，产品销路也很不错，发展经验让不少同行争相模仿。但也有个别网店另辟蹊径，经营起中高档的女装网批店，很快取得不俗业绩。这样的网批店走的是"互联网＋实体批发"路线，以货源的品牌品质、新潮新款立足军埔网批市场。由于销路好，产品还没有走进淘宝等电商平台，就为周围的分销商所代理。不仅军埔村，较远的揭东区玉湖镇也常有人来看款拿货。

4. 政府伸出"有形的手"

军埔村的迅速成长，源于村民自发地锁定了淘宝这一新业态。但是，让军埔村快速走上规范化、产业化道路的，是当地党委、政府对这个新业态的敏锐捕捉。当地政府扮演了社会服务提供者的角色，而非市场运作的主导者。当地领导多次暗访军埔村，在详细听取村民需求后，快速制订了扶持计划。

概括起来看，政府为军埔做了五件事：一是通过扶持协会、加强培训，加强市场主体培育；二是通过推动各大制造业与电商村合作供货，丰富市场要素；三是通过零收费、上门服务、按需服务，加强提供市场服务；四是通过完善交通、教育、文化等配套建设，加强产业生态建设；五是通过贴息贷款、诚信基金建立，加强产业发展的制度规范。这些扶持政策，对军埔淘宝市场的健康发展，起到了很大的作用。

 案例解析

军埔村的成功，得益于以下几点。

一是适应了市场规律、顺势而为。在萌芽阶段，军埔村部分外出打工的年轻人回来搞淘宝，是一种市场行为。当地政府敏锐觉察并顺应了这种形势，适当时机、适当力度加以推动，才成就了这个淘宝村，并迅速扩张，由此带动了当地城镇化和农民致富。

二是因地制宜、适应了本地的特点。发展零售电商需要产业的支撑，当地在纺织、玩具、五金等产业上具有一定优势，这为军埔村的淘宝提供了产业基础；另外，当地这些传统行业产能过剩，也需要通过网络平台解决销售问题。两方面结合，使网店产品形成优势，带动当地传统产业的转型升级。

淘宝是一种颠覆传统的商业模式，消费者、商家和产品之间的距离非常近，作为商家，沟通信息的成本下降。所以，电商也能推动和促进传统产业的转型升级，是一个非常好的改进产销关系的手段，使得电商和企业都能更好地发展。

淘宝是没有污染的绿色产业，有利于改善村里的生活环境、文化氛围。其他村子要想成为"淘宝村"，只有具备这样的条件，才有可能成为第二个、第三个军埔。

● 江苏东风村："垃圾村"成就"沙集模式"

江苏省睢宁县沙集镇东风村，大约有1000户人家，人口不足5000

人，却有600多家网店。过去，睢宁是江苏的贫困县，东风村也是县里的穷村。但是，在2010年阿里巴巴公司主办的第七届网商大会上，沙集镇独得大会唯一的"全球最佳网商沃土奖"，沙集农民网商的发源地——东风村，因此名声大噪。

东风村农民借助网络平台，自发走上了信息化发展的路子，起到了带头和示范的作用。沙集镇则以东风村为样板，积极引导本镇农民从事淘宝创业，并提供多方的支持，终于走出了一条"农户+网络+公司""农民自发+政府服务"和"工业化+信息化"的农民创业新路。从沙集全镇来看，农民网商已发展到3000多人，网店达2000家，年销售收入超过12亿元。

1. "垃圾村"变成了网络销售第一村

过去的东风村，在沙集镇很有名，因为这里多数村民从事废旧塑料加工，被称为"垃圾村"，当然是含着取笑成分的。那时，村里留守的都是老人、孩子，土地荒芜无人耕种，因为仅靠种地的收入根本不够生活。

自从东风村出了一个开网店的带头人之后，当初的"垃圾村"才慢慢改变了自己的形象。

这个带头人叫吴含（化名）。2007年5月的一个偶然机会，他发现一款宜家木制家具的销售很火，便通过网购买来样品，四处找木工仿制，并迅速在网上推出，差不多一模一样的产品，价格比宜家便宜了一半，自然吸引了人们的注意，来订货的人络绎不绝，供不应求。在这种情况下，他和另外几个年轻人又商量着自己加工生产。主意一定，就分别买了简单的设备，开始自己生产时尚家具。2008年，光吴含一人通过网上销售木质家具，总额就达到了300万元，纯利润60多万元。初步尝到了甜头后，吴含决定扩大生产规模。扩大生产规模，就需要场地。这时，村里伸出了援手，设法给他调整农村闲置土地，以满足他的生产需要。雄心加上村里的扶持，吴含一路高歌，全身心投入，已拥有了两个家具加工厂，并雄心勃勃地准备在上海开设实体店铺。

吴含的成功，乡亲们看到眼里，大家深受鼓励。过去那些在外打工的年轻人，都回到了家乡，其中90%已经返村开网店、做家具。过去给人打工的年轻人，如今当了老板，又招来周边县城甚至南京的大学生来给自己打工，真是打工仔摇身一变成老板，农民也开始给城里人发工资了。这和前几年村里的精壮劳力都到城里打工形成了鲜明的对比。

在吴含等先行者的示范下，村民看到网商在网上卖家具，不出家门就能赚到钱，也纷纷转行投入进来，东风村成了名副其实的家具网络销售第一村，街道形成了"网商一条街"，昔日以收破烂为主的小村，已经涌起了网上开店的热潮（见图5-6）。

图5-6 沙集农民网商一条街

2.东风村的成功促成"沙集模式"

随着"垃圾村"的帽子被甩得远远的，整个沙集镇开始重新审视东风村，眼光变得羡慕和眼红了。很快，整个沙集镇都跃跃欲试起来。那些在村里无所事事的人、从事废旧塑料加工的人，纷纷聚集淘宝，开起了淘宝网店；要开家具淘宝店，就得有产品，于是一家家家具加工厂也应运而生了，并逐渐形成了围绕家具生产、加工、网络营销、配送、售后等产业活动的一条龙式产业链。在外打工的年轻人和很多毕业后不愿回乡的大学毕业生，也选择了回乡创业，除了少量在外做装修、做建筑工程的，九成以上的打工者都回到了家乡。

就这样，沙集镇的电子商务也在自我推动下，势不可挡地进入一个转型升级的空间：网商规模和交易额继续稳步增长，拥有工厂、设计力量的网商在竞争中逐渐占据优势；网商经营更加规模化、规范化。例如，村民普遍重视设计，以往的图片抄袭现象大为减少，开始注册自己的产品品牌，一些大网商形成自有的管理风格，有的网商开始在内部设置绩效考核机制；第三方服务商大批涌现，包括物流、设计、包装等；网商更加重视走出去学习交流，有的甚至出国学习先进经验。

从2011年开始，沙集模式成为品牌以后，睢宁县的凌城、高作等乡镇，与沙集镇一河之隔的宿迁市所辖的耿车镇等，开始复制沙集模式。在徐州及周边地区，已经辐射形成了组合家具、鲜花、化妆品、皮革皮具等多个农村电子商务的集群。越来越多的农民开始从事网商、老板、专业工人、网络客服等新职业。

以东风村为起点，越来越红火的网络家具城把本村及周边村镇一大批土生土长的农民带到了网络致富的道路上来，围绕着网店，板材厂、家具加工厂、五金配件厂、电脑销售与培训、物流运输等一批配套产业迅速发展起来，一个带动了数千人就业的产业链正在悄然形成中。一时间"沙集东风现象"声誉鹊起，吸引了全国数十家媒体和德国、日本等境外媒体记者纷纷前来采访。中国社科院信息化中心秘书长姜奇平说："沙集镇几百户农民集体上网开店，代表着中国互联网未来的发展方向，这种现象必将深刻影响着中国广大农村的未来。"

3. 从"游击队"到"集团军"

东风村不仅已经进入全村淘宝的时代，吴含们的"东风"已经扩散到了沙集镇和周边乡镇。在沙集镇上街道两边的店铺里，无论是卖手机的、卖衣服的、卖鞋的、卖农机的店，80%店铺里都开着网店。集群效应已经出现，产业分工和协作已经迈出步伐。获益最大的是快递业务，睢宁县80%的快递业务在东风村。沙集镇已拥有家具生产厂180多家，物流快递企业14家，板材贴面厂6家。网站专业服务商1家，为网商提供法律、网络知识的服务。

在吴含的办公室外面，有一块"睢宁县沙集镇电子商务协会"的牌匾，表明东风村的"游击队"时代已经转型到"集团军"时代。他们利用协会平台，对内可以进行资源整合和人力培训，以及规范网销行为和提升品牌；对外可以形成一个强势的"话语平台"，跟物流、电信、原材料供应商等谈判，获得低价。

东风村网商最大的困扰是，利润越来越薄，这是自由竞争的结果。解决低价竞争带来的困局，一个是规模化，减少单位产品的成本，吴含走的就是这条路；另一个是走差异化、个性化的道路，但这条路最需要创意，而创意恰恰是最稀缺的要素。

在东风村，大多数开网店的企业都是"空壳公司"，它们自己并无多少创意设计能力，短时间内走公司化路径很困难，最便捷的方式就是联合作战。于是，他们成立了以网商为主导的商盟，加强行业交流和自律，引导网商走个性化、品牌化、多元化的道路。总之，集团军作战成了吴含们应对市场变局的不二选择，是可持续发展的有效武器，让我们拭目以待。

 案例解析

　　"沙集模式"，从本质上来说，是由信息化带动的工业化发展。这种模式的产生具有偶然性，但也蕴含着必然性，那就是返乡青年群体、返乡大学生对发展农村经济的促进作用。这表明已经逐渐成农村主力的"农二代"，对发展新型农村经济的优势和潜力。这些"农二代"在经历了城市里的各种挫折后，对回乡创业的梦想也会更加坚定。此外，政府对市场和企业的态度，也是不可忽视的要素。

　　一个村、一个镇能够依托本地资源优势，形成轰轰烈烈的产业集群，给破解"大城市病"、实现城镇化提供了一条创新途径。在东风村，进而在沙集镇，开网店生意的，不仅有年轻有文化的80后、90后，也有文化程度不高的村妇和中老年人；在网店雇佣人员中，既有经验丰富的木工，也有刚走上社会的毛头小伙子，甚至还有五六十岁的老人和残疾人。大家在网店经营中，年轻人负责打理网店，老人和残疾人从事简单的包装、搬运工作。这表明，在农村开淘宝店是人人可为的事，门槛并不是太高，只要分工协作，就能解决所有人的就业问题。农民在网店生产经营中各得其所，既获得了丰厚的收入，又实现了个人的社会价值，还减少了大规模外出打工带来的问题，这确实是很好的经验和模式，给所有的农村人带来希望和启示。

　　东风村和沙集模式的成功，也启示我们，农村开网店，应该选择技术门槛低、资金需求低、产业资源整合难度低的产业。要想"无中生有"发展新产业做电子商务，对于经济基础良好、电商发达的地域来说也许还好做些。但对于经济基础和电商都欠发达的地区来说，就面临着"既要培育电商，又要培育类目产业"的双重压力。除非像东风村和沙集镇的简易家具产业一样，所选的产业门槛不高，否则发展电子商务就很困难。不过，也正是由于进入门槛不高，这个模式又很容易导致企业进入白热化的竞争。从长期来看，对企业的创新能力、行业的运营效率和成本控制能力提出了很高的要求，值得从事者重视和思考。

● 山东大集镇：穷乡镇的致富路

　　山东省菏泽市曹县大集镇，是鲁西南一个普通乡镇，没有区位优势，不临国道、省道，只有一条县级公路，也没有资源优势。因为一个偶然的机会，当地村民利用电子商务平台卖货，初战成功后一发不可收拾，从一开始的几个个体户做淘宝，后来引发大量村民效仿，从一个淘宝村复制裂变成2个、6个、14个，使其成为全国知名的淘宝镇。短短几年时间，大集镇电商经济崛起的速度，让外界广为关注。大集镇已形成了以丁楼村、张庄村为中心，辐射全镇及周边乡镇的演出服饰产业集群。2014年12月，大集镇被授予"中国淘宝镇"称号。

1. 从抵触淘宝到淘宝带头人

　　2009年，淘宝这种电子商务模式传到大集镇丁楼村村民的耳朵里，人们就当是饭后谈资，一笑了之，并没有人当一回事。而李因笙（化名）听到这个名词，第一反应居然是传销，心里很抵触，甚至不屑一顾。但是，就连他自己都没有想到，他后来却成为丁楼村最早的淘宝人和电子商务的发起者。

　　大集镇淘宝的兴起，源于摄影服饰、布景加工。最早可以追溯到20世纪90年代初，该镇整体特点是零散加工、家庭作坊，销售方式主要是在城市设点，肩挑人扛，上门推销，依靠个人"跑单帮"，发展非常缓慢。影楼服饰的不景气让村民纷纷自谋出路。人们感慨于市场打不开，市场太小了，但又无可奈何。

　　1998年，李因笙还在淄博打工，一天只能挣11元。直到2009年，他在一个亲戚的帮助下接触到互联网，并在淘宝上下了第一单。刚开始，他听到淘宝这个模式时，以为是网上传销，一直很抵触，直到第一单生意做成，思想才有所改变。随后，李因笙开始对淘宝这个网上销售模式产生了新的认识，逐渐把精力转移到互联网上，学别人开网店、下单、送货，开办服装厂，生意越来越红火。2013年5月，他正式成立了以自己名字命名的服饰公司，1年之后，他的销售收入近千万元，以后年年看涨。

　　看着李因笙日子越来越好，村民纷纷效仿。一时间，全村300户家庭就有290家开有淘宝店，全村年销售收入超100万元的服饰加工户达30多家，其中10家服饰加工企业销售额超过500万元。作为全村电子商务的带头人，李因笙2014年当选为丁楼村的支部书记。

类似的村庄，在大集镇已经发展到6个，成为名副其实的淘宝镇。全镇电商从业人员超过1.5万人。2013年以前，大集镇各项经济收入在曹县始终徘徊在20名左右。2013年，借助淘宝村的发展，大集镇在全县27个乡镇、办事处的经济收入上升到第15名，总量是14.8亿元，其中淘宝销售额超过3亿元，上缴税金300万元，占全镇工商税收的30%以上。而2018年，淘宝销售额超过7亿元，增量几乎都是来自淘宝村的产值。

2.通过电商走上富村路

曹县是一个普通的贫困县，大集镇则是贫困县里的贫困乡镇，因为土地贫瘠，靠种地难以改变农村面貌。为了生计，从20世纪90年代开始，村民就在农闲时节加工戏装和演出服饰，卖点钱花。但是，由于市场狭小，生意清淡，微利经营，就像一根鸡肋，弃之不甘，留无大用。尽管如此，作为养家糊口的一门手艺，戏装和演出服饰的制作传统，还是被延续了下来。

随着国内文化产业的不断发展，人民的文化需求在同步提升，演出服饰的市场需求也在逐年扩大。但是，大集镇生产的戏装和演出服饰基本属于低端产品，主要是节日、庆典和活动演出使用的一次性服饰，成本低廉，价格也便宜，属于典型的季节性需求。因此，虽然戏装及演出服饰的质量、技术要求都不高，但由于样式独特，普通服装加工者都不愿介入生产，专产专销就成了大集镇的"专利"，除了大集镇，其他地方没有人生产。

后来，在李因笙等淘宝带头人的示范下，大集镇慢慢引进了电子商务，通过网络销售产品的农户越来越多，过去靠就近推销，如今又运用起农村淘宝这个平台来兜售演出服饰。

市场扩大了，销量就自然增多了。淘宝给大集镇村民带来了越来越多的订单，销量增加了，人们的收入也增多了。越来越多的村民，看到了其中的商机，纷纷加入这种低门槛的生意，新开网店数量不断增加，生产演出服饰的作坊也同步扩大。在两三年间，村民普遍通过淘宝销售演出服饰增加了收入。

3.来自大集镇政府的助力

淘宝给传统产业带来的新变化，让曹县和大集镇政府感受到了农村淘宝的好处，看到了发展农村经济的新商机。2013年9月，曹县发改局、财政局和银行等部门对大集镇开展淘宝相关的专题调查，得出了以下结论：一是大集镇的戏装和演出服饰对市场有严重的依赖性，传统的市场销售肩挑背扛，买卖双方必须见面成交，市场大不了，产业也做不大；二是农村淘宝具有不受时间和空间限制的优势，这对大集镇来说可能是一个难得的发展契机；认为农村电子商务是一个难得的扶贫开发的抓手，应该从扶贫开发的战略高度，确立发展农村电子商务的总体规划，并纳入全县科学发展的综合考核。确定扶持农村电商之后，县镇政府每年安排引导专项基金300万元以上，用于发展农村电子商务方面的人才培训、服务平台和产业园区等设施配套建设，全方位完善电子商务发展的支撑体系。大集镇以最快速度成立淘宝产业发展服务办公室（见图5-7），把农村电商正式纳入政府发展规划、计划序列，戏装及演出服饰产业进入发展快车道。

图5-7　大集镇淘宝产业发展服务办公室

在大集镇演出服饰产业发生裂变的过程中，当地金融部门给予了农村电商大力支持。资金方面，各类信贷产品创新基本与农村电子商务水平保持同步。在形形色色的金融服务中，大集镇的金融支付配套效率应该是最值得称道的：一个乡镇拥有18个助农取款点，2个自助服务银行，60余台电话POS机，5000户开通手机支付，15000户开通个人网银，还配有100多台智付通，15台农金通。应该说，其金融服务覆盖密度、程度和水平，丝毫不逊于曹县县城。

在各种有利因素的共同作用下，大集镇电子商务呈现出裂变式、集群式的发展趋势：全镇光纤入户从2013年4月的1300多户发展到2018年的1万多户，创省内之最；较大型服饰加工户多达500户，其中，仅丁楼村的年销售收入超100万元的服饰加工户，就有40家，有9家超过500万；全镇产业链条品种达到2000多种；占据国内产品市场份额高达7成，并远销美国唐人街和东南亚等地。

 案例解析

　　大集镇淘宝产业的成功，有人形象地归纳为：信息时代的营销模式、工业时代的生产模式、农业时代的组织模式——这三方叠加催生的拥有鲜明特征的农村淘宝形式。只有在信息化时代借助互联网的形式，落后的乡村才可以实现经济新跨越。可以说，是科技，是信息，是网络，成就了新型农村经济的发展。

　　农村扶贫开发，既需要有产业基础做后盾，又需要对产业基础中的薄弱环节实施强刺激。大集镇的产业，虽为当地贫困村民维持生计的传统手艺，但地方政府很快意识到了农村淘宝的形式给扶贫工作带来的机遇，及时加以引导和催化，才获得了产业的裂变式增长和可持续的扶贫开发。以此为借鉴，其他乡镇可以立足本地实际情况，优选特色、优势和低门槛的产业作为突破口，强化薄弱环节的改进，提高农民的参与度，谋求产业的本土化发展。

　　政府在扶持农村电商方面，主要做的工作，就是打基础，搞服务。基础工作，包括培训、光纤入户、仓储物流等方面，做好这些工作，就为农村电商的发展打开了方便之门，就会刺激村民投身淘宝的热情。此外，政府在扶贫开发中的组织协调、资源调动和方向引导上的作用也是至关重要的。

● 山东顾家村：千年技艺走上新生

　　山东省博兴县顾家村，是中国比较大的淘宝村之一，主营的产业，是当地特有的老粗布（见图5-8）。在占地面积15.45公顷的顾家村的老粗布市场，大大小小的门店达数十家，是国内最大的老粗布专业市场，也是一处集老粗布生产经营及仓储物流等于一身的综合性市场。市场内已有经营商户300多户，七成的商户在淘宝开设了网店。据阿里巴巴研究中心公布的数据显示，2018年顾家村老粗布市场批发零售总额超过3.2亿元。

图5-8　琳琅满目的老粗布

1.祖传工艺遇上了淘宝

老粗布就是人们俗称的老土布，是几千年来劳动人民世代沿用的一种手工织布工艺。它质地柔软，手感极佳，透气性好，无静电反应，持久耐用；色彩艳丽但不张扬，是居家和服装的首选面料，具有收藏和使用双重价值。老粗布织品，是顾家村最古老的手工产物，也是当下最受网上购物者欢迎的网品。在顾家村，有一家"棉世纪"店铺，它的老板是一对大学生夫妻，女老板毕业于一所大学计算机专业，2009年开了第一家专门销售本村老粗布织品的淘宝店。从那以后，设计、组织生产、网上销售就成为她和丈夫的日常工作，也是让他们获得成就感的一项事业。

每天一到开工时间，两口子就带领工人将一匹匹手工织成的老粗布，进行印染、裁剪、缝纫，在完成多道工序后，变成交付到淘宝店铺里待售的服装。他们制成的服装，多达80多种款式，并突破了传统的粗布只有床单、枕巾等低端家居用品的范畴，升级为中式服装、演出服、家居饰品和布老虎等传统工艺品。在他们的淘宝店里，每天都有来自全国各地的客户在网上下订单，然后他们根据客户的要求调整设计，随时满足新的市场需求。

在这里仅举一例，2014年央视春晚主持人和嘉宾戴的红色粗布围巾一共有2000多条，就是从顾家村一家店铺网购的。但许多人未必知道，向央视供货的，就是这家在村里开办网店最早的大学生夫妻店——"棉世纪"。

村里的老粗布服装，本来是邻里亲戚之间作为节日礼物互赠的，土得不敢在外面拿出来示人。但在20世纪90年代，却有胆大的村民尝试着把它变成对外销售的商品，送到外地经销，不过效果并不理想。但是，谁也没有想到，这个祖辈流传下来的工艺制品，却因为触碰了互联网而绽放出强大的生机。自从大学生夫妻为村民做了示范之后，这个1500左右人口的村庄几乎家家户户都开起了网店，还吸引了周边村庄的劳动力来就业。如今，到顾家村从事老粗布产业链工作的人员达到2万人以上，老粗布款式也推陈出新，相继开发出时装、童装、唐装、床品等系列。

在成功者的带动下，许多人看到了这个行业的商机，纷纷回到家乡创业。在外面建筑工地打工的村民回来了，村里的大学生毕业后也回来了，这些人多数当起了老板。村里再也没有留守儿童和空巢老人了。

2.产业升级带来的新变化

但是，当一个传统村落突然变成一个近乎全域从事淘宝产业的现代化村庄时，一些未曾预料到的问题也纷纷暴露，如缺乏品牌意识，大量的贴牌生产挤压了利润空间；如无序竞争，导致相互压价……

在顾家村，曾发生了这样一件让人心痛的事：一个用老粗布废角料做成的颈椎枕，不考虑荞麦皮、人工电费等成本，仅布料费用就有5元，村民为了抢占市场相互压价只卖6元左右，最后折算下来，多数人都亏本了，有几家店铺因此关闭。

这样的事情发生之后，让热火朝天地埋头生产再低价销售的村民们冷静了下来，开始思考原因和对策。为什么非得靠低价竞争？症结就在于缺少自己的品牌。于是，他们主动请人设计商标，专注自有品牌，告别了贴牌生产。同时，他们又感到，只有让自己的产品与众不同才能树立自己的品牌，要搞差异化竞争而不能一拥而上，才有自己的定位和利润空间。为了解决这些问题，一个老粗布协会在村里成立了，村民有了公律和自我约束的组织，使得一度遭遇挫折的网店生意又重新走上正轨，线上销售额重新上升，年销售额超过百万元的网店，就占了一半以上。

从守着老祖宗的传统工艺解决家人穿着，到变成销售全国的商品，从全民创业到全民无序竞争，再到规范有序发展……一切都在顾家村变化着。如今，在各级政府及领导的支持下，顾家村老粗布市场积极向上申请政策支持，先后被命名为"省级创业辅导基地"和"省级创业园区"。

顾家村的妇女大都是老粗布服装设计师和模特，她们紧跟市场潮流和线上交易行情，迎合消费者的需求。民间如此，博兴各职能部门更是积极引导农村淘宝业的发展。2014年5月，博兴县在顾家村老粗布市场举办了全县首期电子商务初级培训班，以此带动全县更多创业者利用电商平台创业。由于博兴县的农村电子商务一直处于全省前列，山东省农村电子商务培训现场会放在博兴召开，博兴经验在全省加以推广。

博兴县还与山东工艺美院达成合作协议，在山东工艺美院设立手工织布设计研究所，在博兴县设立粗布设计研发工作室。并由山东工艺美院牵头组织老粗布系列产品参加"山东省文化产业博览会""中国非物质文化遗产博览会"和"韩国艺术双年展"三个博览会。依托商务部全国农商网，广泛宣传树立博兴品牌，已在全国农商网建立老粗布等系列产品博兴专页。博兴县县长应邀参加阿里巴巴集团组织的"首届中国县域经济与电子商务峰会"，借此机会，与对方高层协商申请承办"特色中国·滨州馆"事宜。

 案例解析

农村互联网和交通条件的改善，打破了电子商务的地域限制，使数字经济的红利直达最偏远的乡村。淘宝产业吸引着越来越多的农村青年回流，实现他们新的创业梦想，这是前所未有的奇迹。比起背井离乡外出打工的酸甜苦辣来说，回到家门口实现致富梦，更值得弘扬和提倡。

顾家村有一条祖辈人意想不到的生财之道：传统工艺品被推上了电子商务平台，就像山沟沟里的漂亮大姑娘，有机会嫁到城里、嫁到海外一样，是一件了不起的大事。如果没有电子商务，这简直是难以想象的。如今，顾家村的年轻人继承了祖先留下来的产业，并开辟了祖先想也想不到的光大产业的新路。

不过，"传统技艺+互联网"的形式，发展到一定阶段之后，都会面临着后继无人的尴尬。工艺传承和人才规模化培训，是发展传统工艺电子商务必须要重视的问题。培育品牌，需要品牌人才；对领军型电商人才的培养，不断升级其知识体系和改善结构，也是地方政府应做之事。政府要积极发挥好行业协会的作用，引导建立一些电子商务公共服务的平台，使更多的电商企业能够得到更加长足的可持续的发展。

● 浙江北山村：从"烧饼村"走向淘宝村

浙江省丽水市，和淘宝村的渊源很深。例如，前三届"中国淘宝村高峰论坛"都在丽水市举办，全国首批20个淘宝村名单中，有两个村子在丽水市。2018年丽水市有23个村入围中国淘宝村榜单，其中缙云县北山村，松阳县西山村、筏铺村，龙泉市南秦村、村头村，多年前就列入中国淘宝村。淘宝村，已经成为丽水市拉动农村经济发展、提升农民收入和幸福指数、推动农村创业就业的象征和骄傲。

其中有"烧饼村"之称的北山村（见图5-9），在发展农村淘宝之后，在短短的时间内，从无到有，快速成长。经过多年的"修炼"，只有2000多人口的小村，却在淘宝网上开出300多家网店，其中30家网店达到皇冠店级别，从而成就了"北山模式"，使农民的人均纯收入增长了5倍多。

图5-9　全国淘宝村——北山村

1.从"烧饼村"走向淘宝村的北山村

如今，当你走进距缙云县城30公里的北山村，满耳听到的不再是田间地头的劳作声，而是从楼房里发出的订货声，还有包装快递的撕胶带声，以及街道上物流配送车的喇叭声。

过去，北山村的村民，为了增加点收入，走街串巷卖烧饼，北山村因此成了名副其实的"烧饼村"。而今"烧饼郎"们早丢了卖饼的担子，守在家里却日进斗金。提起这个变化，绕不开一个重要人物——淘宝店的带头人余三红（化名）。

在2006年以前，村民余三红就已经在外闯荡了十多年，干的还是老本行——做烧饼生意。卖烧饼是小买卖，辛苦不说，收入不少也不多，就够维持平日生计。不过，一次偶然的机会，余三红发现了一个奥秘——一位朋友开起了网店，并赚上了钱。坐在电脑前也能赚钱？这让他心里痒痒的，也想尝试一下。就在这年，国内第一个专门指导电子商务发展的政策性文件《国务院办公厅关于加快电子商务发展的若干意见》颁布了，喜欢听新闻的余三红，从中看到了国家对于电商行业的重视。于是，2006年8月，他回到自己家乡，以4000元为启动资金，置办了一台电脑、一台数码相机，在15平方米的自家客厅办起公来，开始了自己的淘宝之路。

不过，创业之初，他也尝到了艰辛。那时，各方面的基础条件都不具备，就说发货吧，有人下了订单，他得开着摩托车到3公里外的镇上去办理。第一笔订单，他赚了2元，虽然少，但觉得希望开始萌芽了。从此，一直坚持诚信经营的余三红，踏踏实实地做好每一笔生意，回头客越来越多，消费群体也日趋稳固。从业半年以后，生意开始好转，淘宝店上的销量打开了，发展势头强劲。2008年，在靠淘宝积攒了十几万元后，余三红直接找到了生产厂家，开创了自己的品牌"北山狼"，以自己的品牌对外出货。他的公司经过多年发展，已有员工50多人，办公仓储场地4000多平方米，一年销售额超过7000万元。

余三红"玩玩电脑、点点鼠标"就赚钱的"奇迹"，让原本对淘宝这个新兴事物将信将疑的村民再也坐不住了，纷纷上门向余三红学习，开起了淘宝店。吕红峰（化名）就是其中之一，他的店就开在自家楼下。

在干净而整洁的北山村街道，一棵棵树木整齐排列、一幢幢新房拔地而起，让人经常误以为身处县城。村中，一家挂着"驴戏江湖"招牌的小民房，因独具特色的名字吸引了人们的眼球。走进小店内，里面摆放了满满当当的户外产品，包括睡袋、登山杖等，而在房间最左侧，就是老板吕红峰的工作间。每天，他坐在电脑前聚精会神地和来自各地的客户交流。

吕红峰和妻子原本在杭州打工，辛苦不说，收入也很低，特别是孩子在家不放心。两人在2012年回到北山村经营一家网店，一年网店净赚30多万元。和他一样，村里90%以上的店铺都是"北山狼"的分销商。

"北山狼"公司采取的是加工基地、产品分销两头在外的"自主品牌+生产外包+网上分销"模式，村民不需要押金便可从该店直接拿货，零成本的分销模式直接促进了北山电子商务的发展和普及。

"在外东奔西跑，不如回家淘宝。"村里挂着的这条标语十分明显，如今的北山村村民，纷纷放下锄头，点起鼠标，自己当上了老板。而该村经营的睡袋、烧烤炉等户外装备，也长期位列淘宝销量第一名。

经过不断的发展，北山村逐步形成了以"北山狼"为龙头，以个人、家庭开设的分销店为支点，以户外用品为主打产品的北山模式。短短十余年时间，北山村淘宝业从无到有，快速成长。也有不少村民在寻找其他的销售产品，从而衍生出了寻青户外、风途、狂野者、森林狼、佳百特等10多个自主品牌，全村的一年销售额达到2亿元。

2. 政府伸出有形之手助推

自从淘宝在北山村扎根并开花结果后，不仅改变了全村的经济面貌，也改变了村民的生活方式、就业模式和经营模式。农村还在蜕变，向着更高的标准蜕变。变化的动力，直接来自村民不断增长的需求：道路狭窄，物流配送效率低下；农房空间狭小，仓储空间不足，还易引起火灾；网速不快，电力不能完全保证，创业资金不足……

虽然基础设施一直在完善，但还是赶不上电子商务的蓬勃发展。因为村里实在找不出空间用来做仓库，余三红的"北山狼"便搬到了镇里的电商集聚区内。"北山狼"一走，对大家的触动很大，村干部也坐不住了。村里投资700余万元，完成了数十处村容村貌提升，并继续改善村容村貌。如今，北山村迎宾大道、休闲公园、景观墙、绿化带、村广场全新亮相；经过整治后的北山溪，呈现了水清、景美、鱼欢的情景。

在北山村"触网"10年之后，又一个发展良机到来了。县政府出台了《加快农村电子商务产业发展的若干意见》，每年的扶持资金从800万元增加到2000万元，这一新政，就给北山村授信了1000万元以上电子商务信贷资金。同时，县里在北山村规划了30亩电商园区，选址、规划及红线图都已完成。北山村打算把"北山狼"再引回来，同时让其他"北山狼"强壮起来，让新的"北山狼"成长起来。

而在平台建设上，北山村还在丽水市率先建立了村级网商协会，积极构建县、镇、村三级网协网络，充分发挥协会的桥梁、纽带作用。在县政府的支持下，还加大从业人员培训力度，安排专项资金，积极鼓励本地电子商务专业大学生回乡创业，确保农村电商人才留得住、用得上。

 案例解析

北山村网店卖的货物，是与当地经济不搭界的户外用品，却成了国内户外用品的网络集散地，这全是电子商务的功劳。北山村的电子商务，从无到有，引起了人们的重视，被人总结为"北山模式"，并梳理了一些经验和启示。

"北山模式"的核心，是代销网店+代加工的模式，通过品牌+渠道运作而成功，对于没有特色产业，也没有特色农产品的农村来说，是一条值得借鉴的农民创富之路。比较适合传统产业并不突出的地区。

不过，北山村的淘宝项目，也存在着一定的"隐患"。因为他们的网店所经营的产品，与当地传统产业没有任何关系，95%的淘宝卖的都是帐篷、睡袋和背包等户外活动的产品；而且品牌也比较单一，90%的网店，是"北山狼"品牌的分销商。显然，这又是一个产业链上的不确定因素。倘若这个品牌或这家企业出了问题，那么北山村全部的网商都会面临着干不下去的风险。如果不能清醒地认识到这个问题及其可能造成的后果，就是一种短视行为。所以，最好的办法，就是同步培育起网商较强的创新能力和高效率的产业协作链，以免在激烈的市场竞争中，走低价、低利润的路线来维持生意。对此，当地政府应该责无旁贷地担起职责，引导好淘宝从业者从只销售户外用品的固定模式中解脱出来，丰富产品的类型，并树立品牌意识，用品牌优化农村电子商务的整体素质，保证北山村这块淘宝品牌平稳快速地运行。

● 江苏消泾村：大闸蟹走上网络交易大平台

江苏省苏州市阳澄湖镇消泾村是传统的大闸蟹养殖专业村，村民既是农民，也是渔民，主要靠着养殖大闸蟹谋生（见图5-10）。随着电子商务的发展和淘宝的兴起，从2008年开始，这个渔民村开始走上了网上交易大闸蟹的销售路子，取得了比传统销售方式要强很多倍的成功。

图5-10　大闸蟹养殖基地

消泾村几乎家家户户都是淘宝户，并通过网络平台销售大闸蟹，一个1600人口的小村，从事大闸蟹电子商务、大闸蟹养殖的就有1500人。全村拥有100多家电商企业，淘宝店超千家。2014年，消泾村被评为"中国淘宝村"，成为首批江苏省电子商务示范村之一。2016年，消泾村被江苏省商务厅评为江苏省农村电子商务十强村，网上交易额突破5亿元，在全省排名第二。2018年6月，国家和省科研部门共同探索出"863"池塘生态养蟹模式，成功培育出"阳澄湖1号"大闸蟹，网上销售量持续增长。

1. 大闸蟹淘宝第一人

1985年出生的顾世杰（化名），是阳澄湖大闸蟹在淘宝交易的开拓者。2008年，退伍后的顾世杰，回到了消泾村。父母在村里养着螃蟹，规模并不小，但销售渠道却并不是很畅通。一到蟹季，父母跟其他养殖户一样，经常为卖蟹犯愁。顾世杰决定帮助父母卖蟹，开店解决他们的销路问题。但是，想开店，一没有资金，二没有跑市场的经验，经过调查，顾世杰看上了互联网，决定在网上开辟一条销售途径。当时，电子商务刚刚兴起，农村淘宝也是刚刚起步。顾世杰准备抓住这个契机，大显身手。他成立了苏州市阳澄湖苏渔水产有限公司，并申请注册了"今旺"商标，开始按计划在淘宝网上开设专卖店，只卖螃蟹；并请刚从外地辞去白领工作回乡的儿时伙伴龚正强（化名）共同创业。

开始，人们对淘宝这个新事物并不看好，觉得开个门店就要花10多万元，做电子商务基本没啥投入，等于是空手套白狼，恐怕没有这么便宜的事。而消费者打开了淘宝店，看到了大闸蟹之后，不知道是真是假，有没有质量保证，只想试试看，几只几只零星地购买，市场前景并不明朗。在快递方面，快递公司也在刁难，提出了一些苛刻条件，如规定空运时不许放冰等。由于包装中不许放冰，2008年中秋节，他好不容易接到一笔1万多元的订单，结果到货时全成了死蟹。这件事对顾世杰的打击很大。

不过，顾世杰并没有放弃，经过思考，还是决定继续做下去。他与快递公司多次协商，终于说服对方划出几个区域可以放冰空运。2009年春节前，网上团购热起来。顾世杰接到一个团单，一天要上千盒蟹，他发动村里的养蟹人一起捞蟹、装运，这个春节，一下子挣了五六万元。这件事，又让同村的养蟹人刮目相看了。

2009年，顾世杰在淘宝网上的天猫商城，花5000元注册入驻。当年，顾世杰的营业额一下子暴增至300多万元，利润有六七十万元。5年后的2014年，他的大闸蟹网销额从300万元做到了4000多万元。

为做精网销平台，顾世杰请来10多个村里的年轻人做前台销售，又雇了当地五六十个村民做后台的扎蟹、包装等，还定制大闸蟹运输的专用泡沫塑料箱，箱里增加保鲜措施，并建起了4个冷库。顾世杰自己懂销售，但对养蟹、捕蟹、如何区分优劣不熟，就跟着父母和蟹农学。

顾世杰的巨大成功，引起了周边村民的仿效，大家争相开网店卖螃蟹。阳澄湖地区的大闸蟹电商有3000多家，其中天猫商城300多家，淘宝集市3000多家，兼做线下门店的大闸蟹公司也有200家左右。这些电商背后，连接的是众多螃蟹养殖户和专业合作社。顾世杰的公司自有养殖水面100亩，还与拥有5000亩水面的渔业村专业合作社和20多家、每家有20亩左右水面的养殖户签订长期供货协议，但"约法三章"：饲料统一采购，不能投放含激素的饲料，随时跟踪蟹苗来源、水草种植和生长情况，养得不好不收。

2.榜样的力量是无穷的

在消泾村，一家人一起做电商是最平常不过的事，罗迪（化名）一家便是其中的一员。她家承包了60亩水面，养殖大闸蟹，丈夫经营着天猫网店。当村里绝大多数人家都还在做淘宝时,罗迪又开始把目光投向新的平台——微信,做起了微商,生意同样做得有声有色,甚至交易额还超过了丈夫的天猫店铺。每年螃蟹大丰收的时候,销售最忙的莫过于中秋和国庆,在这两个节假日期间的交易额,每年都超过100万元,具体交易了多少笔,根本就数不清。到了每年的12月底,大闸蟹的销售接近尾声,罗迪一家和村里所有电商家庭一样,开始了新一年的筹备工作。

然而,经过近10年的发展,大闸蟹电子商务的同质化竞争现象却越发显现,越来越激烈。这时,无论大小电商都在探索着崭新的运营模式。村里组织开设了相关电商运营培训班,帮助村民"充电",为大家整合资源平台,深化电子商务的发展。同时,为了助推电商抱团发展,消泾村又把原消泾农贸市场改造成占地40亩的"消泾村电子商务集散中心"。

2016年年初,村里启动了消泾老街的改造工程。在老街改造过程中,消泾村注重对传统文化的保留,以及对大闸蟹电商特色的建设,展现在人们面前的改造后老街干净整洁,散发着古典水乡韵味。一个"电子商务强村"的独特风采正在向世人展示。

与消泾村临近的车渡村,同样依托阳澄湖得天独厚的资源优势开展电子商务,全村760户居民几乎家家户户都以养蟹为业,全村拥有水产养殖面积4000亩,村级集体经济收入的近九成也来自养殖业。受到消泾村的影响,这个村同样抓住互联网时代的机遇,经过近10年的电商发展,全村在淘宝、京东等商城开设网店数达200多家,4家大型物流公司也配套入驻,全村网上销售额逐年递增,相关从业人员达2000人。大闸蟹上市季节,全村的日均发货订单超过5000个。毕业后回乡从事电子商务的大学生占村大学生总数的一半以上。2016年,车渡村获评第四批江苏省电子商务示范村。

车渡村的电子商务办公楼已竣工,可以将电商散户进行集中,共享电商资源。车渡村还决定利用车渡农贸市场区域优势,吸纳区域内及周边电商经营散户集中发展,形成抱团效应。

3.着力打造大闸蟹主题馆

阳澄湖镇依托日益优化的生态环境、功能完善的农业产业园和越来越成熟的电商平台,正在努力建设特色"大闸蟹小镇"。"大闸蟹小镇"包括生态养殖区、科技研发区、电商示范区、渔业文化区四大区域,向居民和游客展现一个特色的小镇风貌。

2017年年初，阳澄湖镇将着力打造阳澄湖大闸蟹主题馆，形成大闸蟹文化园，为"大闸蟹小镇"增添文化气息。经过前期的深入调研后，阳澄湖大闸蟹主题馆将立足于全苏州市，成为展现阳澄湖镇及周边乡镇的地方特色文脉传承和渔业文化的大型主题馆，也是苏州市及周边亲子互动的体验场所。也就是说，阳澄湖大闸蟹主题馆不是一个单纯的螃蟹博物馆，而是融合了大闸蟹文化、传统渔业和水乡情怀，成了第一个具有综合功能和延展价值的蟹文化体验园。

阳澄湖镇还对养蟹户的围网进行回收管理，在改善水质的同时，着重对养殖池塘进行标准化改造，平整养殖池塘，监控水质，为今后养殖更多优质水产品提供了基础保障。还将分区域设立河长，开展河道治理工作。继续推进美丽村庄建设，完成一星级康居乡村和三星级康居乡村的建设，还原具有江南韵味的古村落原始风貌，融合蟹文化和传统文化，深入挖掘当地民俗文化，传承阳澄湖地区特色渔业文化，让"大闸蟹小镇"越来越美，为更多农民从事电子商务打下更好的基础。

 案例解析

古有"不是阳澄湖蟹好，人生何必住苏州"的名句，因此阳澄湖大闸蟹久负盛名，而因为它固有的品牌影响力，使得大闸蟹爬上"网"很快受到网上消费者的推崇和欢迎。

阳澄湖大闸蟹凭借自身的品牌优势，在网上一经推出，就抢滩成功，开启了阳澄湖大闸蟹销售的新篇章，给其他农村淘宝的启示是：政府部门要通过各种宣传方式，在特色农产品上做文章，为农村发展电子商务提供基础；与无中生有相比，网络创业要依托地方知名品牌，这是一条成功的捷径；年轻人是发展电子商务的中坚力量，"互联网＋农产品"大有市场，只要能吃苦、肯钻研，就能开辟一条网创的职业道路。

网络经济，卖的不仅是产品，更是服务和精致的文化。在营销螃蟹这种类型农产品时，不妨从客户的需求出发，定制配套的带有地方文化味的精致小礼品，来集聚网店人气；老一代农民不希望自己的子女再回到二亩地上，但经过城市文化洗礼的新一代农民，只要拥有网上创业所需的专注和坚韧的品质，定能在把握市场机会中迅速成长。

● 浙江白牛村：坚果炒货喜迎电商春天

浙江省杭州市临安区昌化镇的白牛村，近年来依托周边地区丰富的农特产品资源，抓住城乡融合发展、电子商务普及的重大机遇，大力培育农村电子商务。他们以经营坚果类的炒货为主，一部分是临安本土特产，如山核桃、笋干、茶叶等，占整个网上销售的60%以上；另一部分是松子、碧根果等炒货，占35%左右。通过农村电子商务发展，白牛村有效促进农村经济发展转型升级，带动了农业增效、农民增收。2018年，全村在各个电子商务平台经营的网店已超过100家，网上销售额超过2亿元，其中70%是坚果炒货。

白牛村电子商务的发展，不仅增加了农民的收入，还带动了村民的就业。2013年和2014年连续两年被阿里研究中心等单位授予"中国淘宝村"的称号。

1.三个不同年龄的网商，三个不同的创业故事

潘良才（化名）是白牛村的第一个淘宝户，刚开网店时，被父亲打骂过，说他不务正业，不相信他坐在电脑前也能赚钱。在父亲的意识中，玩电脑本身就是玩物丧志，怎么能发财呢？而方强（化名）开网店时，父亲赞助了50万元，除了开店，他还开了自己的加工厂。汪超（化名）开网店时，爸爸也不同意，因为他们夫妻俩一直给网店打工，知道电商是怎么回事，这个工作太辛苦。以上三位父亲的态度，体现出普通农民对网购从陌生到了解的过程。三位老中青网商的故事，则是这个盛产山核桃的小村庄通向淘宝之路的缩影。

老一代的潘良才，在2007年开网店之前，一直在绍兴卖自己家乡产的坚果，但坚果价格一直停滞，而房租却越来越高，生意一天比一天难做，于是他就想开网店试试。谁知，一下子就尝到了甜头。当年600斤碧根果的销量，使他一共赚了1万多元。此后他一鼓作气，继续撸起袖子大干淘宝，销售额也在200万元、500万元、800万元地年年递增，一年上一个台阶，2018年达到5000万元。

10年的网店生意，潘良才眼看着淘宝给这个村子带来的新变化，心里感慨万千。当初，他去收购山核桃，一家才几百斤，现在随便一家都有几千斤——农民连过去种菜的地都种上了山核桃。正是淘宝打开了小

村落的核桃市场，而市场又带动了山核桃的产量。

网店越开越多了，竞争也就越来越激烈了，网购的生态也发生了变化。在这种背景下，潘良才不得不压缩成本。他自己专职搞客服，减少其他操作人员，而产品的价钱也降到了最低点。打价格战的结果，一单生意只能赚几元钱。

为了解决这个问题，他决定"抱团取暖"。于是，便和村里3家比较大的淘宝店联合起来，达成协议，开始分工合作。一家专门负责收购坚果，一家专门负责仓库保管，一家专门负责客服运营；3家的成本合在一起，一下子能吃进2万斤货物，这样每斤成本可下降1元。成本降低了，收入就增多了。潘良才的生意又有了起色。白牛村的坚果淘宝做成了"名牌"后，多家银行主动来找他贷款。

再说中年网商方强，他是"林之源"天猫旗舰店的老板，每天要发出1000多个包裹。和潘良才的工厂只能进行坚果分装不同，方强的"林之源"食品厂能从炒制的生产环节一路做到加工。除了自己卖，方强还为村里其他的网店卖家提供代加工服务，代工率占了60%。插手生产环节，不仅让产品质量更有保证，也增添了新的盈利点。

当然，激烈的网店竞争，同样让方强备感压力，但他有自己的运营方式。网购客户越来越看重体验，想办法留住老客户的心非常重要。因此，在每一个包裹里，方强都放上了浅黄色的果壳袋和印着自己店名与商标的湿纸巾，让顾客吃完擦手用。也就是说，处处为消费者着想，把每一个细节做到位。为了避免价格战，方强请村里的电子商务协会协调大家的价格，希望在坚果销售上订出个"白牛价"，避免自己人打起来。

汪超虽然年轻，在开网店这件事上却不是新手。他在大学学的就是电子商务专业。还没毕业，他就接管了叔叔的网店，一年多时间，将"逸口香山核桃"从三皇冠做到五皇冠，一年销售额达600多万元。

专业训练为汪超积累下经验和能力，潘良才和方强都要花钱请人当美工，但在汪超的店里，所有网页和图片都是他自己做的。他也养成了每天扫一遍淘宝和天猫的各种官方账号和论坛的习惯，看它们最近有什么活动，有没有什么调整的规则。汪超曾拿出一款坚果礼盒参加了"年货节"，一天里就卖出了2000多盒。虽然不怎么赚钱，但能带进流量。

和老网商不同，以汪超为代表的年轻网商开始在店里用上了各种软件。有管理客服的，有促销软件，可以自动给老客户打折，还有专门改邮费的软件，你可以设置哪些省份包邮，或者买够多少钱包邮。在这些软件上，他一年要花几千元钱。但提高效率，就是降低人工成本。

汪超可以说是年轻一代网商的代表人物，有文化，懂得电子商务，头脑灵活，接受新事物快。他的同学大多留在杭州，成了各家天猫店的客服，他平时也经常向他们取经，听听他们怎么做活动，主管又怎么管理他们。他认为，农村淘宝店，做到中层还可以，再往上就要懂管理，得去看看大品牌怎么运营。汪超还打算仿效这些店的做法，引进一套发货流程管理系统，拿扫描枪一扫，就能将记录重量、详单、快递单号输入系统。

2.电商协会，成为淘宝老板的贴心人

白牛村的网店每天到底要销售多少单产品？这个物流公司最有发言权。每天上午11点，昌化镇的申通公司门口，一辆辆面包车已经开始卸下他们当天从网店揽收的第一批包裹。这些包裹将会被放上一个蓝牙秤，拿一个手机大小的手持POS机一扫，重量和单号就会自动关联，然后算出运费，再自动合计出来传给商户。申通公司的生意主要来自白牛村的网商，每天都要收1万多个包裹。

为了规范和支持本村的淘宝业，白牛村成立了由村委会主任担任组长的电子商务领导小组，联合市农办、市农业局，组织农民电子商务技能培训，村领导小组还牵头促进网商与物流公司、包装工作进行统一合作，提升服务质量。

白牛村还成立了电商协会，为电商老板制定"白牛价"和帮助电商与快递公司谈价钱，还帮助白牛村的网商对接上了临安的公共服务平台。

为网商制定"白牛价"和帮助电商与快递公司谈价钱的，都是白牛村的电商协会。而村电商协会不仅是为电商服务的协会，也是为村民服务的电商服务站，为村民代购商品，从几元钱到几千元的商品都帮助代购（见图5-11）。帮助买，让村民更方便；帮助卖，则让公共服务改变了农村电商单打独斗的弱势。电商协会主要就是帮着网店形成合力，做他们自己做不了的事，如协调价格、跟快递谈合作。

电商协会还帮助白牛村的网商对接上了临安的公共服务平台。他们请专业摄影师到村里来拍摄产品图片，找美工来为各家制作图片和网页，过去一个详单页要300元，打包价只有50元。

图5-11 "农村淘宝"——临安白牛村服务站

在淡季,他们还计划从淘宝请老师来为电商培训,手机已经是第一大上网终端,他们准备教白牛村网商用手机做微商。

后来,村里对电商产业进行统一规划,一方面支持大学生回乡创业,销售额头一年超过5万元,村里提供3万元创业基金,支持大学生加入淘宝;另一方面还要解决卡脖子的问题,电商集中反映仓储用地不足,村里便调换一些土地,筹建比较大的仓储中心。

 案例解析

白牛村的淘宝案例昭示人们,小小的核桃也能打赢电子商务战。农村淘宝不仅形成了一年数亿元的销售额,还带动了村里各个年龄层的村民参与生产、销售、包装、运输。白牛村的成功,得益于两个优势:一个是本地的优势资源——山核桃,它不仅具有地方特色,也特别适合做淘宝,这个特殊性是无可替代的;另一个是当地村民有敢"吃螃蟹"的开拓精神,敢于尝试,敢于接受新事物。山核桃,其实不只是白牛村的特产,其他地区也存在,为什么白牛村做得这么好?这与白牛村村民的敢闯、敢干精神是分不开的。

"空心化"是中国农村面临的一大社会问题,大量青壮年劳动力进城打工,老幼妇孺留守农村,不仅给城市带来严重的人口承载压力,也带来了一系列诸如养老、留守儿童等社会问题。而淘宝村的发展可有助改善这些社会问题。从这个意义来说,千方百计发展具有地方的淘宝产业,确实是利国利民的大产业。

● 浙江西岙村：教玩具"触电"起家

浙江永嘉县桥下镇西岙村，是一个非常普通的村庄。然而，到了信息时代，却变得不普通了。不普通的原因，是古老的务农方式改变了，电脑替代了农具，拍照上新、打单、发货替代了播种耕地。早在2008年，电子商务的星星之火，就在西岙村被点燃了，并一步步发展成燎原之势。他们依托桥下镇"中国教玩具之都"的产业资源，全村230多户中，有150多户开淘宝店卖教玩具，小小的村子里，分布着大大小小500多家教玩具网店。2013年，全村电子商务成交额已近亿元，因此西岙村被阿里巴巴研究中心认定为首批全国20个淘宝村之一。

1. 专业村的"触电"路

西岙村所在的桥下镇，早在2006年就已获得"中国教玩具之都"称号，但在电子商务兴起之前，西岙村却默默无闻，不为人所知（见图5-12）。

图5-12　中国教玩具之都——西岙村

在西岙村通过淘宝发生裂变的过程中，吴刚（化名）是具有代表性的一个农民网商。2011年，还在过着朝九晚五上班生活的他，辞职回到村庄，接手了父母留下来的生意，在阿里巴巴网站上注册了一个批发地垫的网店。

然而，卖教玩具产品的店家很多，同质化以及网店知名度的不足，使吴刚的线上生意勉强为继，最好的一天也不过就是七八单买卖。初期的挫败，让吴刚冷静了下来，开始研究各大平台的"游戏规则"，掌握提高下单量的技巧。一段时间之后，他在阿里巴巴和淘宝网上开的两家网店就小有名气了。他门店里的货物，除了昔日贩卖的地垫外，还增加了积木、摇马、海洋球、儿童书架、儿童桌椅等近100种商品，产品丰富了，供客户选择的机会就多了，下单也就多了。身为永嘉县绿地体育设备有限公司总经理的他，已经在淘宝网上拥有了3家四钻网店，2018年线上的销售额达到了380多万元。

开个夫妻店，两口齐打理，是西岙村触网村民中另一种常见的类型。像这样的夫妻店，西岙村共有100多户。两口子分工明确，一边从教玩具市场或工厂揽货，一边接到订单后就直接打包，下午3点至6点将货物交给前来装货的快递集装车。这是夫妻店的生意流程。就是凭借着这看似简单的一进一出，全村的户均收入达14万元以上。

2.淘宝村探索升级之路

生意好了、做大了，基础设施方面的建设也要齐头并进。在镇上都还没通光纤的时候，西岙村就率先通上了光纤，家家户户光纤入户。因为生产需要，光变压器，在西岙村就安装了8台。一有电力缺口，电力部门便会迅速到位解决用电难题。除此之外，桥下镇还将西岙村定位为"中国教玩具电商第一村"，并做了提升规划。

但是，生意一火爆，其他问题也接踵而来。首先，是仓储和物流的难题。因为生产的教玩具体积较大，仓库不够存放，不少村民都将教玩具堆放在路边。而快递物流的运力则直接影响到了仓储问题。西岙村100多家教玩具企业，其中有不少厂房是租的，很难发展。其他的企业也或多或少存在用地指标紧缺，想扩大生产都不行，这样制约着行业发展。村内的26家快递公司，进进出出的车辆很多，一些小路大车根本开不进来，货物都运不出去，仓储空间不足也是让大多数村民电商深感困扰。

同时，淘宝店的快速发展，带动了物流业的突飞猛进，也让这里的交通出现拥堵。从2008年开始，申通、圆通、中通、国通、顺丰、韵达等快递公司纷纷入驻西岙村，多达26家。加上后来的中瓯、鑫旺等15家托运公司，每天下午4点，村口到处是前来收货的快递车，让那条几经拓宽的主干道不堪重负，塞如都市。

西岙村经过多方思考，最后将眼光投向经过村子的金丽温高速公路。

公路高架桥下有一片空地，适合做西岙物流的集散地。2014年8月，一个近1万平方米的物流集散中心在高架桥下亮相。26家快递公司和15家托运公司全都入驻这里。有了物流集散中心之后，寄送快递包裹的效率显著提高，快递员上门取件的时间很少延迟，每天在这里进出的快递包裹接近1000件。

其次，是同质化的竞争导致的后果。桥下镇的教玩具产业供应链完备，具有规模效应。但绝大多数厂家还停留在家庭作坊式阶段，同质化竞争、价格竞争激烈，由此对产品质量也产生了一些影响。

自从西岙村成了"香饽饽"以后，让远近村庄的人都垂涎三尺，越来越多的村外人来到西岙村开网店。生意一多，竞争变得激烈，问题出现了，村里产品的同质化现象非常严重，为了把手上的货尽快卖出去，不少人以出厂价报价，只赚了一个快递差价费。

低价竞争的现象，让村里不少企业都感受到了压力。大家都在思考对策，西岙村的淘宝市场面临着新一轮的洗牌。走品牌化之路和差异化之路才是当下西岙"淘宝村"的升级之路。所幸的是，当地淘宝管理者和淘宝店主也都清醒地意识到了这些。人们心里清楚，靠低价出货不是一个办法，只有自主研发、创新设计、提升质量，才是唯一出路。为了创品牌，大家开始在提高产品质量和外观上下功夫。例如，一家公司基于其他厂的围栏造型单一、外形粗糙等缺点，革新了围栏的细节设计，增加了观赏性和实用性，这一举措受到消费者的欢迎。

为了摆脱低价竞争，永嘉县还成立了网络经济服务局，建立永嘉县电子商务行业协会桥下分会，着手整合农村淘宝店，旨在统一价格、遏制恶性竞争和跟踪产品质量等方面发挥积极作用。

 案例解析

一个只有千余人的小村庄，走上淘宝之路后，搭上了顺风车，成为中国知名的淘宝村。空闲时的玩麻将和家长里短的闲聊，逐渐被拍照上网、发货的工作所取代。这一切的转变，都根植于这个村成熟的产业基础。

因地制宜地坚守一个产业并跟上时代步伐，用新鲜的模式将传统产业做大做强，这是西岙村给我们提供的经验，并且具备可复制性。人人都想分得信息时代赐予的一杯羹，这也无可厚非。然后，成交额蹿升以后，行业之间的价格竞争不可避免，产生的负面影响也是严重的。不过，真正让产品站得住脚的，还是产品的质量。要想避免恶性竞争并在行业中脱颖而出，企业还是要靠品质与信誉打天下，这又依靠自己的不断创新，不断迎合消费者的需求。

面对新问题、新困局，转变企业生产经营模式，促进传统产业转型升级才是出路。传统企业通过淘宝村的电商营销产品，而电商直面市场和顾客需求，能够及时向厂家提出各类要求，促使企业调整生产计划和规模，并针对市场需求设计与生产对口的产品，调整产品结构和生产模式。其中，品牌经营应成为企业重心，打造网络品牌和网络爆款是其经营核心所在。催生品牌效应，促使相关企业进行专业化分工。制造商—品牌经营商—分销网店的产业链条逐渐成熟。这是最简单也是最普通的运营模式之一，世界上几乎所有的名牌企业都采用这一模式。一方面，善于创新的企业通过其独特的品牌文化和产品建立新的知名品牌；另一方面，不善于创新的企业可以通过代工方式继续获得收益。网店作为终端直面客户需求，并反馈给品牌经营商，品牌经营商通过这些信息设计新产品让制造商代工，形成产业链生态系统，全面提升竞争力。

● 江苏堰下村：花木之乡的嬗变

江苏省沭阳县颜集镇堰下村，位于颜集镇的东部，是闻名全国的"淘宝村"（见图5-13），以花木园艺产品驰名，全村共有花木园艺产品基地150余亩，建造温控大棚3万平方米，年产花木园艺产品1000万盆以上。为实现花木产业的转型升级，全村积极推行"互联网+"的销售模式，引导花农大力发展花木网络销售，鼓励大家多走出去了解市场，融入市场。据统计，全村共有380余户通过阿里巴巴诚信通、淘宝网等平台开设花木园艺网店800余个，占全村总户数的45%，带动从业人员2000余人，占全村总人口的55.3%，年实现网络销售收入2亿元。

图5-13　中国淘宝村——颜集镇堰下村

1.指尖上的生意改变了传统生活

不管是谁，一走进堰下村，就会看到这里的村民与别处村子不同：家家户户至少有一台电脑，每一台电脑都在运营淘宝店铺。自从淘宝引入以来，网上销售花卉苗木已成为堰下村村民的日常生活。键盘上指尖轻轻一敲，就可以用文字谈生意、传图片、做介绍，过去动口的程序，现在可以用文字在网上完成。

网店老板江娟（化名），原本是中学的图书馆管理员，受淘宝的感召，辞职回到家里专职卖盆景。早晨一起床，第一件事就是把头一晚的订单处理完，包装、填写发货单、等待快递上门取货。一天之内，除了做家务、照顾花卉，大多数时间坐在电脑前。晚上忙的时候，要干到一两点。因为晚上时间充足，人们放松、心情好，谈生意的成功率就大些。

她做的第一单生意是江西的一位顾客，对方要求核实图片，江娟就用相机立刻拍了一张传给他，现拍的图片和淘宝上提供的图片一致，取得了他的信任，半个小时左右，生意就谈成了。

做生意，尤其是网上谈生意，最需要的是诚信，一个生意做好了，口碑慢慢积攒，人家就会给你介绍新客户。例如，实物要对号，不能发错货；有的客户在到货速度上有要求，就要选用速度较快的邮寄方式……

过去，年轻人都外出打工，家中剩下的是老的老、小的小。只有到农忙或春节时，年轻人才回村里。现在，几乎没有一个年轻人出去打工，而是留在家里搞淘宝生意，其中不乏一批网络创业之星。整个颜集镇，达到"皇冠"级别的网店有200多家，而堰下村就占三分之一。

胡敏（化名）是村里网上卖花第一人，从2005年的年销售额20万元，到2018年年销售额的近千万元，有了网店，他经营的范围不断扩大，业务量迅速攀升。胡敏已成为当地花木经纪人队伍中的佼佼者，几年前，他投资500余万元在上海建立1000亩高档花木基地，后来发展到3000余亩，资产超亿元。

堰下村淘宝的快速发展，极大地拓宽了花木销售渠道。村里已有顺丰、圆通、韵达等8个快递网点，全村卖家日发包裹总量6000单到8000单，发货量最大的卖家，一天发包量有300单。其中韵达快递点一家，月发货量就稳定在6万单左右。据统计，堰下村人均年纯收入超过2万元，电子商务实现的人均纯收入就占去六成。

2. 淘宝村一路走来不断成长

花木淘宝模式，将线上销售与线下花木培育有效结合起来，打破了时空的限制，对接全国大市场，最大限度地扩展了销售空间，交易效率大大提高。回顾堰下村的淘宝之路，确实走过了一条不平坦的路。

2005年，身为花农的胡敏接受了淘宝模式，尝试着在网上开店，将花木销售市场拓展到网络上。但是，由于当初农村网络建设、物流配送等基础条件十分不发达，从开始网上销售到产生经济效益，居然花费了3年探索时间，其中起起伏伏，甘苦只有他自己心里清楚。由于农村"乡里乡亲"这种非正式组织关系的存在，村民很快开始学习胡敏，也纷纷开起了网店。加上淘宝的进入门槛并不高，到2009年，颜集镇就出现了100余家电商。在此过程中，大部分网商的身份还是农民兼网商，他们发展花木电商是受到淘宝市场的引导和"先行者"的示范驱动，属于典型意义的自发式创业。

2009年以前，花卉市场规模小、功能不配套、市场和基地难以对接，造成大部分花卉来源于本地、品种比较单一，尤其缺少花卉交易、展销的配套场所。此外，当地以种植、批发和零售花卉为主，对外地花卉品种缺乏需求。2009年之后，由于淘宝农户的产品需求逐渐趋向多样化和规模化，市场经营范围扩大；同时出现了专供网店的淘宝花卉批发市场，产品资源丰富多彩，品类呈多样化，批发方式也变得灵活。批发市场这种第三方组织为网上淘宝店开设了一种"网上接单到（批发市场）赊账拿货再到月后结账"的新模式，批发商还承担着维护花木产品质量、判断产品等级等功能。这种批发市场几乎为花农提供了经营网店"零库存"和"零风险"的保障，大大降低了开网店的进入门槛，从而使花卉市场规模迅速扩大。

此时，当地政府适应这个新趋势，为了大力发展淘宝花卉产业，推进了"村村通水泥路，户户接宽带网"工程，使"信息高速公路"畅通无阻。一方面，淘宝店主可以通过电脑迅速完成商品上架、图片描述、客服接单等具体工作；另一方面，部分网店主利用移动互联网完成手机终端服务。此外，政府还积极把快递公司引到村内，进一步方便花农开展淘宝销售花卉的业务。

由于"淘宝花卉批发市场"等专业化批发市场的建立，和宽带等配套服务的跟进，为当地淘宝店快速规模化发展提供了重要的支撑。据统计，2009—2013年的短短4年内，淘宝店最密集的堰下村，几百户村民中有三分之二的农户家里开有网店，并且多数农户同时开有多个网店，网店总数超过1000家。

为了多渠道解决农民卖花难题，当地政府成立了网络创业工作领导小组、大学生村官网上创业先锋队和网络创业孵化中心等机构，采取办班培训、大学生村官指导、党员干部结对帮扶等措施，积极引导和推进淘宝产业的全面开花结果。颜集镇政府还专门在文化中心设立青年网络创业培训基地，定期邀请淘宝大学、咨询公司等进行销售等培训，解决网络创业、发展、升级过程中的问题，提升销售能力。可以预期，堰下村的花卉淘宝产业一定还会蒸蒸日上。

 案例解析

花木之乡的淘宝产业一路高歌大发展，并吸引着越来越多的年轻人投身进来，这其中的经验可归纳为以下几点。

一是固有市场为淘宝打下了基础。堰下村及至颜集镇具备花木种植的悠久历史，产业基础雄厚，具备品牌条件，基本形成了花木产业的种植规模、鉴别能力、地区声誉、产业集群以及配套专业市场。正因为具备了这种专业化的生产、销售和运营基础，才构成了花农自发引入淘宝市场的前提。

二是当地政府建设的"淘宝花卉批发市场"作为中介组织，为花农经营花卉淘宝提供了"零风险"模式，这是当地形成淘宝村的重要保障，有了保障，才能让人们源源不断地投身淘宝、信赖淘宝。

三是淘宝先行者的成功示范，为淘宝店扩张作出了榜样，构成了当地淘宝村成功的先决条件。

不过，堰下村的花卉淘宝产业，不是没有问题存在，有的问题只是还没有显现。为了持续健康发展的长远之计，还需要做以下工作。

一是要整顿好花卉市场的秩序。花木作为非标农产品，产品定价缺少先天的优势，容易造成从业者之间的无序竞争，甚至是恶性竞争，从而搅乱了正常的经营环境。政府的职能是维护市场秩序，所以，可以由政府牵头，以团体协会等形式与农业研究所等花木认证质检专业机构合作，建立必要的一套农产品标准体系，在种植、成熟、筛选过程中分别制定标准，将产品等级清晰化、产品质量可追溯，从而有效对接客户不同需求，增加优质产品的附加值、提升产品层次，这样才能扩大客户群体，把淘宝产业做大。

二是要引导差异化经营，避免同质化竞争。品牌化程度不足是农村淘宝商品普遍存在的问题，因而造成同质化竞争。这是初级的产品营销阶段所面临的问题。要想做强淘宝产业，品牌战略是其必经之路。为此，政府所要做的是，一方面，利用花木种植历史悠久的特点，提升产品的整体品牌价值，将"花木之乡"的招牌进一步打响；另一方面，打破产品的同质化，避免同质化竞争，规范和引导淘宝店主树立市场意识，努力创造自己的特色，打造自己的品牌，引导他们努力开拓消费者的个性化需求市场，打开消费者定制化这条新路，将消费者引入生产、设计和销售环节，开发一种参与式、互动式营销的模式。

三是推进淘宝全面发展，提升网商运营能力。包括引进智力资源、培养服务体系。此外，强化地方组织协会和产业联盟等第三方组织功能，增强农村淘宝的自我组织能力也是一项重要工作。

● 江苏李大楼村：百年老梨远嫁他乡

江苏省丰县宋楼镇李大楼村，是一个以水果种植为主的人称百年梨园的村庄。全村有5000多亩果园，80%的是苹果，10%的是梨树。在这个700多户人家的村子，有100户人家有网店，是江苏省首批18家电子商务示范村之一。每年全村大约收获水果5000万斤，通过网络销售出去的占总量的三分之二。

1. 传统水果产区的线上交易

唐哲（化名）是李大楼村网店做得最好的一位，早在2001年，高中毕业的他就与网络结下了缘。当年，他试探性地在"中国水果网"和"亚洲水果网"上发布了200多字的果源信息，首次通过网络实现了果品交易。2003年年底，唐哲建立了自己的网站——"唐安果园"，并正式发布信息。他的网站整合了全镇的果源信息，用图片和文字的方式展示在网页上，让收购商或买家更直观地了解果品情况。通过网上发布货源信息、寻找买家、物流发货，唐哲开始做起了水果经纪人，每年经过自家网站信息销售的苹果，达几千吨。2012年，他注册了淘宝店铺，又在淘宝网上销售苹果。2018年，店铺的年销售额超过300万元。

网店，就是买卖双方隔着空间进行交易，讲的是信誉，要的是回头客。在唐哲的网店里，每年距苹果成熟上市还有两个月时间，他就收到大量的订单，这些订单全都来自网上。2001年，他做成第一笔网络生意的客户是杭州人李某。当时，快过春节的时候，李某在一个水果网站上看到他发布的苹果销售信息，就通过QQ取得了联系。唐哲在QQ聊天里把自家种的苹果拍成照片传给李某看，一周后李某来了，拉走了两大车6万多斤苹果。临走时李某留下话："以后咱们之间的业务在网上谈。"

从此以后，李某就成了唐哲的老客户，每年他都会采购数万斤苹果，但再也没到丰县来过一次：双方在网上谈好数量、价格，李某把款汇给唐哲，唐哲通过物流把苹果发往杭州。除了杭州的李某，南京、上海、重庆、昆明等地的客户都是这样。通过网络卖水果，绝大多数客户他连面儿都没见过，全部是网上来网上去。

2015年，唐哲又瞄准了农产品高端电商"冷链"建设，在自家院子里建了一个三四百吨容量的冷库。保证苹果经过采摘、贮存、运输、销售，到消费者手里时水果还是新鲜的，跟得上潮流，才能赚得到钱。在唐哲院子里，一个冷库的容量显得不够用了，他正在准备筹建第二个冷库。

唐哲的生意越做越大，收入越来越多。在他的带动下，村里又有许多人开网店销售水果，全村淘宝店铺增加到100余家，2015年实现网上销售水果1000多万斤，人均增收3000多元。唐哲由于在水果电商方面做出的贡献，被评选为江苏省农村电商创业标兵。

开淘宝店，做农产品生意，并不单是在家中接单发货。例如，村里有个叫滕平（化名）的淘宝店主，自己发货，让女儿发单。他家里有6亩果园，原先都是等着上门收购，看到许多人开网店销售水果，也加入了进来。虽然他对网络十分陌生，但在城市里工作的女儿，有文化懂电脑操作。于是，他做通女儿的工作，让女儿兼职给自己打工，虽然父女俩不在一个地方生活，但网络把他们联结在了一起。每天，女儿将订单信息告诉他，他再从家乡发货。这样一配合，每天至少要销售几十箱苹果。

圆通快递是第一家进入李大楼村从事水果递送业务的快递公司，他们平均每天递送3000件左右，旺季时每天8000件以上很正常。至于目的地，江、浙、沪地区最多，发往新疆、西藏、内蒙古等地也是常有的事。看到圆通的业务这么好做，EMS、汇通等也紧随其后，建立了业务点。

李大楼村已在网上卖水果的，占到全村户数的近一半。除了唐哲的唐安果园，还有丽乡园果园、二姐果园等100多家网络店铺。全村有六成水果是通过网上卖出去的，以前价格每斤不到1元钱，后来在网上卖五六元也很正常。

随着淘宝生意的红红火火，从事淘宝的村民不仅在学习平台上的知识，还在学习从采购到包装到运输再到售后的所有细节。因为他们发现了自己存在很多方面的不足，需要掌握美工、摄影、淘宝运营销售等方面的知识。同时，客服也是非常关键的工作，要培养说话技巧，让客户从交流中产生购买欲望。

2. 电商吸引大学生返乡创业

学电子商务专业的张修（化名）从某职业技术学院毕业后，进入一家企业从事网络销售平台运营。2015年9月，家里的苹果又丰收了，听父母说还是卖不上价，张修打起了回乡开网店的主意，利用网络和自己掌握的淘宝知识，销售自家的苹果。说干就干，他很快办了离职手续，回到了李大楼村。他在微博、微信上注册了"张修果园"进行宣传并在淘宝开了店。张修没想到网络销售会那么火爆，最多的一天接了200多单，自己和父母都忙不过来，就叫亲戚来帮忙。很快果园里的6万斤苹果销售一空。接着，他又陆续从村里邻居家收购苹果。直忙到春节，张修的网店差不多销售了10万斤苹果。

杨羲（化名）毕业于徐州一家学院，返乡开淘宝店卖水果、野菜、黄桃罐头等农产品，后来又成立了一家淘宝公司。1992年出生的刘琪（化名）毕业于北京一所大学，在北京做了一段时间的电子商务客服，积累了一些经验，后来也回到家乡，开网店卖农产品。1992年出生的孙瑞（化名）是做淘宝最久的年轻人，高中毕业后，她就在上海进入了电子商务的行业，后来，也回到家乡经营着自己的店铺，还帮助别人经营店铺。1993年出生的李自豪（化名），是上面几个年轻人中，网店销售额最多的一位。他是一位退伍军人，一转业就投身于农村淘宝，他的店平均每天发货500 ～ 1000单，最高日营业额四五万元，为了及时包装果品配送到客户手里，他一共请了20个工人。

这些年轻人有着一样的干劲、一样的胆量和眼光，他们不光把网店销售农产品做成了一项事业，还带动了周边的果品销售和相关产业的发展。

3.政府的介入与扶持

从2014年开始，政府的介入与扶持，使农村淘宝由自发的草根阶段迅速步入产业化阶段。除了李大楼村专门成立淘宝服务站，为淘宝户服务外（见图5-14），县政府的以下措施，都包含着对农村淘宝的支持。

图5-14　引来各地群众参观学习的李大楼村淘宝服务站

一是设立三级电子商务服务站。为打造高效电子商务服务平台，丰县启动建设三级电商服务平台：在县级建设电商物流园，镇级设立电商服务站，村级设电商服务点。初步形成了覆盖县、镇、村三级的快递物流网络。全县已有三分之一的行政村依托本村农业产业优势，进行网络销售或从事相关的行业，全县共有电子商务企业70多家，涉农电子商务企业占一半；个人网商超过1000家，其中经销农产品的网商为400多家。

二是建成丰县大沙河集团电商物流园。该园具有1.1万平方米交易服务区和8000平方米综合服务区，以及4000吨级冷库。园区为入驻电商企业提供完整的仓储、物流、运营、农产品质量检测等"一站式"服务，打造完整的O2O电商生态链。已有数十家电商和20多家农产品加工企业及部分包装、快递企业入驻园区。阿里集团在园区开设运营中心，并建村淘点。

三是努力提高农产品的品质质量，打造品牌。与外地电商模式不同的是，丰县依托本土农产品产业资源优势，将传统农业与互联网手段相嫁接，运用"互联网+"思维，打造线上线下联动互补的电商支撑体系，从而倒逼产业提档升级，走出一条具有地域特色的农村电商模式。良好的农产品质量是电子商务发展的基础。为了打造品牌，丰县先后建立果树试验站、蔬菜新品种试验基地、果菜菌育苗育种中心，在果品生产上引进了欧洲最先进的栽培模式，仅果树一项就扩种新品种4万多亩。同时建立省级农产品检测中心，对农产品生产、销售、流通实行质量、安全全过程追溯。

 案例解析

2015年，李克强总理就提出利用互联网的优势，加快促进传统产业转型升级和提质增效。从2014年起，丰县这个传统水果产品大县，农村淘宝呈爆发式增长，大量有文化的年轻人由城返乡从事淘宝，成为农产品网络销售的主力军。同时，在政府的扶持下，包括李大楼村村民在内的农村居民也因此改变了农产品销售习惯和生活资料的消费习惯，以崭新的姿态成为新农村的主人。

当然，丰县的农村淘宝模式不是把低质廉价货拿到网上去卖，而是用互联网思维，推进传统产业实现标准化生产。他们抓住淘宝发展的战略机遇，把以农产品销售为主要内容的农村淘宝作为战略性新兴产业来打造，实现互联网与传统产业的融合，初步形成了独具特色的农村淘宝发展模式，李大楼村不过就是这个模式中的一个亮点。

● 河北白沟镇：箱包产业带动新型城镇化

河北省高碑店市白沟新城是国内知名的箱包生产基地。早在2009年，国内几家知名的电子商务网站，就看到了白沟新城电子商务市场潜在的巨大价值，开始走进白沟市场。第一批开设网店的商户只有十几家，他们是数以万计的白沟箱包生产、经销商中最早"吃螃蟹"的人。很快，网络销售初见成效，给店家赢得了真金白银。这让同行们看在眼里，再也不愿意等了，纷纷"触网"。仅仅过了两年，到2011年年底，白沟新城的网店就发展到商户总量的四分之一。顺着这个趋势，白沟电子商务继续一路高歌猛进，网店数量增长到1.5万家，电子商务平台产生的箱包交易额接近总销售额的50%，从业人员超过3万人。

1. 电子商务：箱包经济的"新引擎"

随着互联网的逐步普及，喜欢"网购"的人越来越多，开网店销售产品的也就越来越多。

以生产休闲女包为主的一家入驻企业，其在网络上的销售额占总销售额的一半，不仅拥有200多平方米的专卖店，还拥有平均月销售量达400件的网店。和这种情况类似，白沟箱包经营户越来越热衷于网络营销，当传统消费方式日益受到更多挑战时，更具优势的白沟网购市场迎来了"黄金时代"。

白沟箱包交易城（见图5-15）拥有商户逾千家，其丰厚的资源让众多的B2B巨头对白沟箱包市场觊觎已久。作为国内箱包行业B2B市场巨头之一，全球箱包网几年前即进驻白沟。被誉为"亚洲最大、最安全网上交易平台"的淘宝网，也在白沟摆开架势，希望在庞大的市场资源中分一杯羹。

图5-15　白沟箱包交易城

白沟的本土力量也不甘落后，在2008年金融危机的寒冬，"中国箱包之都网"正式上线。该网站集商品信息发布、供需信息交流、服务信息咨询等功能于一身，功能涵盖企业与产品库、资讯中心、供应与求购信息发布、站内询盘留言等，通过信息化平台快速与企业、网友分享经验，已发展会员近千家。

某皮具厂是白沟专门生产女包的企业，曾受通货膨胀、市场紧缩、油价上涨等因素的影响，工厂发展陷入两难境地，一方面招不到人，另一方面订单逐渐减少。危机中寻转机，他们选择加入"中国箱包之都网"，通过"网商合作中心"将产品信息发布给淘宝供应商，助其轻松开店，皮具厂保证供货。他们每周都能从网上销售几十个包，经营效益比较可观。

电商让白沟的传统箱包产业迎来了"第二春"。一位在白沟做箱包生意已经有20多年的店主，刚开始做电商的时候，实体日子还好过，后来实体店慢慢萎缩，他的线上贸易已占销售额的70%，线下的户外专卖店商场超市占销售额的30%。在白沟，像这样从事电商的卖家越来越多。据统计，白沟网上店铺超过1.6万家，日均发货超过16万单，电商交易额超过70亿元，成为闻名全国的淘宝镇。

为了支持电商，当地政府每周至少组织一次电商培训，培训对象是白沟所有经营电子商务的企业及个人，培训的课题主要有淘宝、天猫、京东、苏宁易购、阿里巴巴跨境电商平台等方面。并成立电子商务协会，目的是在政府和企业之间架起一座桥梁，促进电子商务的发展。此外，白沟新城还进一步规范电子商务信息传播行为，优化网络交易环境；规范电子商务交易行为，促进网络市场和谐有序地发展；鼓励企业及个人电商向电子商务创业园区聚集，在公司注册、税收减免等方面给予政策扶持。

2.电商助箱包走出国门

白沟国际箱包城建成于2006年4月，产品远销全国各地以及世界上110个国家和地区。为国内最大的箱包专业批发市场。为了使商户足不出户就能把箱包卖到世界各地，商城积极引导商户开展网络营销，充分利用互联网无国界、成本低、风险小、易操作特点，向全世界发布白沟箱包信息。背靠强大的产业优势，商城率先出击，与阿里巴巴、优福网结成战略合作关系，并与慧聪网合作，联合推出"买卖通"销售产品，同时还引导商户进行网络贸易。互联网延伸到哪里，市场就能扩展到哪里。商户凭借便捷而廉价的网络信息，可以频繁地接触国内外潜在的客户，向他们介绍自己的产品，从而发现更多的潜在目标客户群，获得新的商业机会。买卖间顺畅的信息沟通极大地满足了消费者时尚、个性化的购买需求，更使商城内的广大商户获得了不菲的经济效益。为帮助广大商户更好地开展网络营销，商城还积极强化对外联系，发展国际、国内两大客户群体。

国际贸易行业是一个机遇与挑战并存的行业，它很明显的特点就是与国际、国内经济形势密切相关，任何一点风吹草动都会给它带来很大的影响，这就需要准确、快速、便捷的信息渠道。商城大力扶持电子商务给国际贸易奠定了良好的基础，有了"打头阵"的信息来源，商城为了有效推动国际贸易的开展，设立了对外贸易商务中心，并配齐了商检、海关、物流、翻译、涉外律师事务所、中国物流等机构和功能，为商户进行国际贸易提供了便利条件。

由于白沟电子商务起步时间晚、基础差、部分老板重视程度不够等，在发展过程中仍然面临一些问题，如电子商务市场不规范，缺乏统一引导；专职网络推广人员少、官网更新速度慢等。为了推广网络销售，白沟政府多次邀请电子商务专家给企业讲课，培养电子商务技术人才，部分地解决了电子商务类技术人才缺乏的难题。

案例解析

　　白沟镇是北方著名商镇，很早就被确定为副县级建制镇，现已成为中国箱包之都和著名小商品集散中心，由于电子商务的加入，使白沟的新型城镇发展之路又添上了新的光彩。

　　推进电子商务，是助力经济转型升级的契机，是新型城镇化的一道亮点，也是特色产业走向新生的施展舞台。借助互联网这个现代化的工具，让特色产业的优势发挥得淋漓尽致，是电子商务的最佳境界。

　　不过，许多企业老板对电子商务的认识存在一些误区，认为做电子商务就是卖产品；既要做零售，又要做批发，还要做品牌，面面俱到，平均发力……这些想法都是不全面的，说明电子商务的普及还需要时日。

　　与其他许多电商产业者所遇到的情况相近，在白沟箱包产业也出现了电子商务一年比一年难搞的问题。前些年，做电商的利润比较高，靠自然流量就卖得不错了，但后来开网店的运营、推广成本增高了，利润空间压缩了。因为做箱包电商的店主多了，恶性竞争和打价格战的行为就难免发生。例如，某款产品成为爆款后，大家都高度模仿和复制，并一味压低成本，有些店为冲爆款，赔钱也卖。真正意义上的低价必须是质优价廉，而不是价廉质次。

　　要发展好电子商务，首先要确立长远目标，其次找准消费群体，最后根据消费者需求实现重点突破。这样才能有的放矢，实现长远发展。但愿白沟箱包的电商化，能真正找到一条良性发展的道路。

参考文献

[1] 涂同明，涂俊一，杜凤珍.乡村旅游电子商务[M].武汉：湖北科学技术出版社，2011.

[2] 三虎.淘宝开店从入门到精通[M].北京：人民邮电出版社，2015.

[3] 陈虎东.互联网+农村：农村电商的现状、发展和未来[M].北京：清华大学出版社，2016.

[4] 罗泽举.中国区域农业发展与农村电子商务[M].北京：中国农业出版社，2016.

[5] 裴涵.互联网+县域：县域电商那些事儿[M].北京：电子工业出版社，2015.

[6] 黄道新.中国农村电子商务案例精选[M].北京：人民出版社，2015.

[7] 陈俊杰，刘玉军，宋兆文.农村电子商务：互联网+农业案例模式[M].北京：中国农业科学技术出版社，2016.

[8] 刘涛.淘宝、天猫电商运营百科全书[M].北京：电子工业出版社，2016.

[9] 纵雨果.亚马逊跨境电商运营从入门到精通[M].北京：电子工业出版社，2018.